吾兄雅正.

感恩照顧、支持

弟 偉林

2019.02.09

（上）黃媽媽書房的書架上，擺著許多她協助處理過的案件檔案和相關資料，其中有些重要文書的取得來之不易。

（下）書房的電腦裡儲存著每樁案件的文字紀錄、圖檔，點開資料夾，每一筆資料的背後都是血淚和故事。

（攝影：林冠瑜）

'84 3 18

（右上）1995 年 3 月，黃國章於新訓結束後，出遊所拍攝的照片。

（右下）這張照片至今仍放在黃媽媽的電腦旁，時時陪伴。

（左上）黃國章在新訓期間拍攝的照片。

（左下）黃媽媽抱著小時候的黃國章。儘管因為時間久遠，照片已有些模糊，但黃媽媽仍非常珍惜的收藏著。

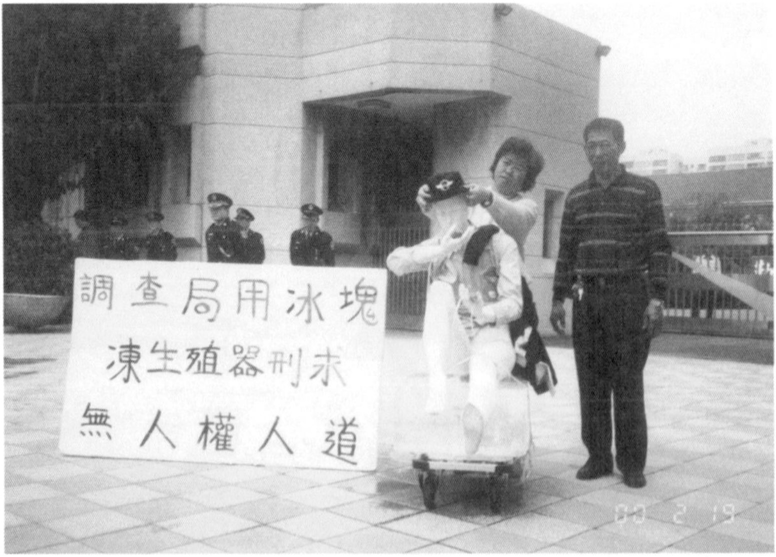

（上）1999 年 10 月，桃園空軍基地接連發生兩起彈藥失竊案。

（下）軍方宣布案件偵破後，隨即傳出嫌疑人的自白乃是被刑求所取得。黃媽媽與家屬在仁愛路空軍總司令部舊址前進行抗議。

針對 1999 年發生在桃園空軍基地的彈藥失竊案，立法委員戴振耀在立法院舉辦公聽會（上），黃媽媽於公聽會中發言（下）。

（上）為了呼籲改善軍中人權環境，並聲援受困於軍事審判體制的軍法官蔣文中，聲援民衆與黃媽媽高舉白布條，從中正紀念堂出發遊行抗議。

（下）遊行主要訴求之一，為「聲援軍法官蔣文中」。

（上）1990 年代民眾要求改善軍中人權環境的聲音越來越大，地方政府也開始舉辦新兵入伍前的說明活動，黃媽媽與軍中人權促進會也會前往擺攤、進行說明。
（下）黃媽媽在忠烈祠前進行抗議，希望軍方重視軍人的安全與生命。

1990 年代後期，為了抗議軍中層出不窮的人權案件，黃媽媽、役男家屬，和關心這些事件的人士前往陽明山國民大會（上）、國防部軍法局（下）等地陳情抗議。

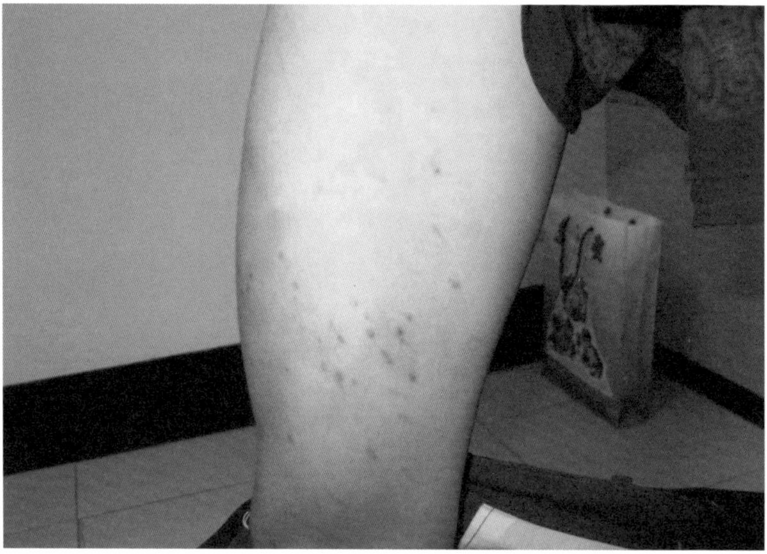

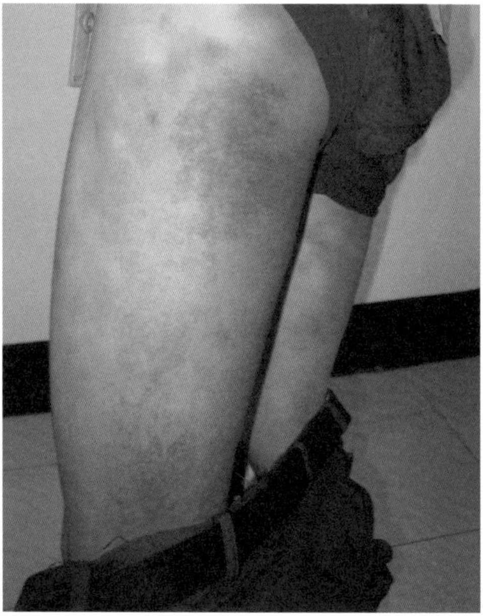

第 13 通電話中，黃媽媽接到求助電話前往軍營探視遭凌虐的士兵。經檢查，他的大腿內側有 4、50 處像起疹子般，被尖銳物品刺傷的痕跡（上）；兩腿外側從臀部到小腿，更是布滿瘀傷（下）。

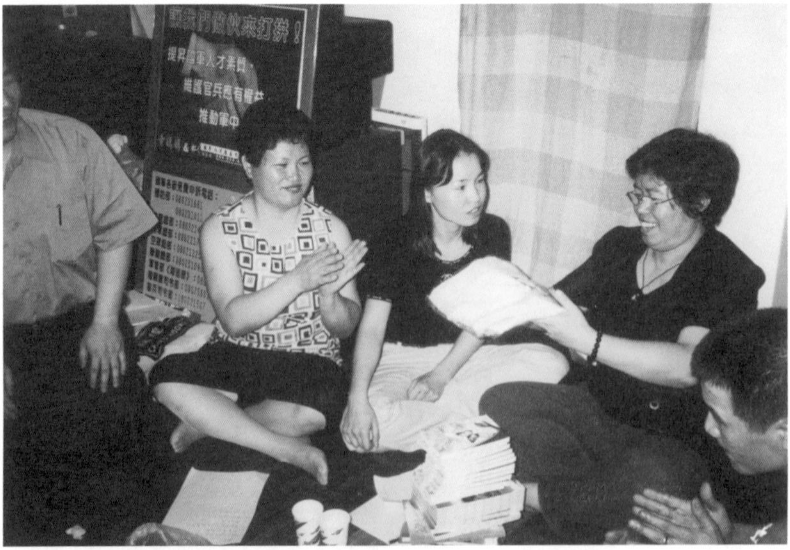

（上）黃媽媽受貴格會亞洲區負責人邀請，前往韓國進行訪問。

（下）韓國軍中人權團體前來台灣訪問，與黃媽媽會面。

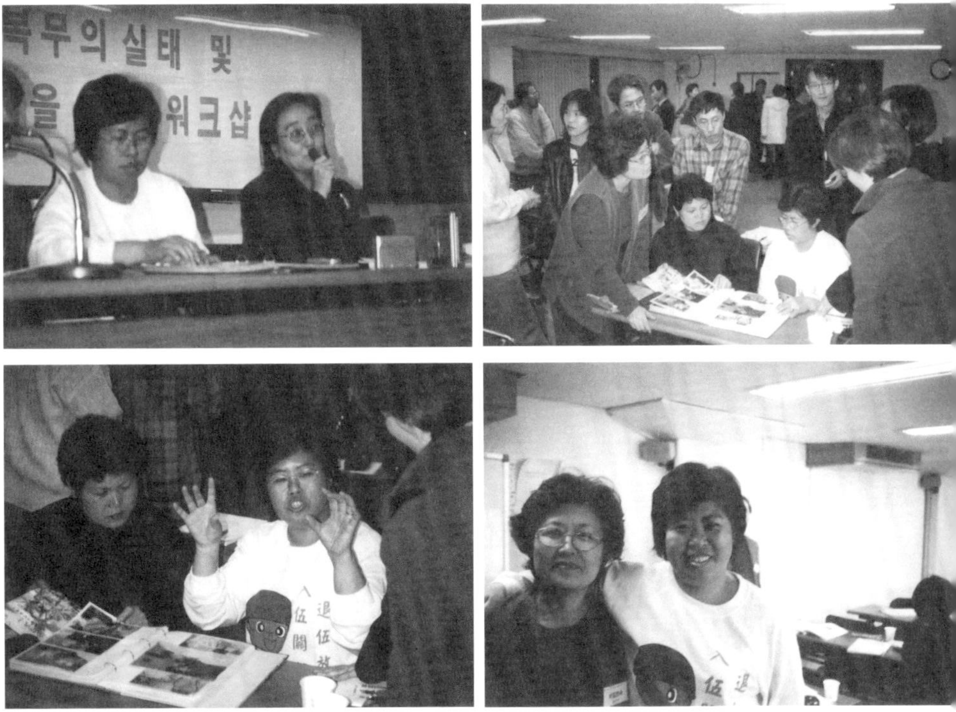

受邀訪問韓國期間，黃媽媽與當地軍中人權團體進行對談，討論兩地軍中人權事件的情況與處理方式。

拍攝紀錄片《少了一個之後—孤軍》期間，黃媽媽與拍攝團隊前往福建泉州，拜訪當初撈起黃國章遺體的漁船—閩獅漁號的船長。

（照片提供：馬克吐溫國際影像有限公司）

（上）電腦旁邊的架子上，擺著黃媽媽蒐集的小東西，其中最顯眼的是幾尊軍人公仔。儘管多年來與軍方對抗，但她最終的目標是希望能夠改善軍中的環境。

（下）微微泛黃、斑駁的相簿，是由黃國章親手整理、黏貼而成。黃媽媽翻開相簿、說起照片的來歷，聲音裡充滿了母親的思念與嘆息。

（攝影：林冠瑜）

提到自己拍攝的鳥類照片，黃媽媽就笑得特別開心。（攝影：林冠瑜）

有時候，黃媽媽會一個人到河堤或者公園去散步、拍攝鳥類與植物。她形容這樣的自己簡直是「玩物喪志」，但這時候的她並不是單純想要獨處或不被打擾，因為有些路還是要一個人走。

21通電話

阿兵哥的深夜求救

陳碧娥、李儒林——著

推薦序

遲來的道歉——那些「黃國章們」的故事

何榮幸（《報導者》總編輯）

去年十月五日下午，本書主角黃媽媽、作者儒林、紀錄片導演汪怡昕、「玉山社」社長魏淑貞、編輯群和我共同討論本書出版事宜時，沒有人料想到，十個月之後，海軍司令黃曙光上將會代表軍方公開向黃媽媽陳碧娥女士道歉——儘管這句道歉整整遲到了廿三年。

在台灣，軍中人權就像是潘朵拉的盒子，一旦被打開，只能看見被層層遮掩的秘辛，真相往往埋藏在深不見底的某個地方。

因為歷經全世界最長的戒嚴時期（一九四九至一九八七年，長達三十八年），「軍事體制」與「黨國體制」深深主導戒嚴時期的台灣社會發展，而軍事體制援引的「特別權力關係」更凌駕於基本人權之上，使得軍中人權成為台灣民主化過程中最黑暗的角落之一。

經過民主運動的長期努力，以及解嚴前後在野黨立委、監委的強力監督，台灣的軍事體制才逐漸邁向正常化。然而，軍中各項欺凌人權、不當管教、隱匿真相的內部文化卻未與時俱進，儘管解嚴之後民主自由發展大步向前，軍中人權卻始終跟不上時代變遷。

一九九一年剛退伍的學運領袖羅文嘉、馬永成、鍾佳濱等人成立「軍中人權促進會」時，一定沒有想到，就算到了二〇一三年，軍中仍會發生「洪仲丘事件」這樣的悲劇。一直要到廿五萬人走上街頭發出怒吼，軍事審判才終於回歸正軌讓位給司法審判。

「洪仲丘事件」有無數人關心聲援，一九九五年發生的「水兵黃國章事件」呢？只有黃媽媽一個人奔走了廿三年，獨自搜集資料、尋找真相，才能在二〇一八年撥開迷霧、水落石出，得到軍方正式道歉。但這已算是相當幸運了，還有數不清的「黃國章們」，這些當事人家屬何時才能知道真相、得到一聲最起碼的道歉？

所幸，他們還有黃媽媽。黃媽媽不僅為愛子伸冤，更毅然接下「軍中人權促進會」的棒子，陪伴其他軍中冤案當事人家屬，努力成為軍方與家屬之間的溝通橋樑，讓陽光能夠一點一點滲透進入封閉保守的軍方領域。

這本述說黃國章及其他「黃國章們」故事的作品，因此格外令人動容。在黃國章的故事中，我們看到一位聲嘶力竭的慈母，在為兒子的死亡真相進行永無止境的戰鬥；而從一九九九年「空軍桃園基地掉彈刑求案」到二〇一八年「八軍團集體脅迫致使中士電線自縊案」，我們更看到一位軍中人權工作者改變早期「逢軍必反」心態，燃燒自己的時間心力來協助所有「黃國章們」平反。

很高興能協助促成本書出版，感謝黃媽媽的長期奮鬥、作者儒林的使命感（儒林既是我的高中學弟，也是曾任客家電視台台長的優秀同業），以及玉山社團隊的努力。追尋真相永不嫌遲，期待本書能夠進一步促成軍方心態與內部文化的良性改變，讓軍中人權不再是台灣民主化掉落的那塊重要拼圖。

誰是孤軍

汪怡昕（紀錄片《少了一個之後——孤軍》總導演）

二戰美軍一〇一空降師的名言：

「一如往常，我們又被包圍了。」

——語出・二戰・巴思通戰役期間

一〇一空降師是以深入敵後為主要任務，並以此為目標而訓練的戰鬥單位。所以他們最常遇到的戰場環境，就是陷入被包圍，奉行孤軍奮戰、堅持不退的戰術目標，待友軍加入創造致勝契機。

如果這是自發的、做好準備的，那麼孤軍奮戰並不可怕，因為他們知道友軍就在外面集結，只要堅持不退爭取時間，集結好的友軍就有機會衝進來，一舉破陣。

我和黃媽媽認識是因為三年半前，偶然的聽聞了黃媽媽的現況。當時國章已經走了廿年，我非常訝異這個媽媽還在持續她的真相之旅，這引發了我高度的好奇，我直覺會碰到一位偏執而悲情的媽媽。意外的，初次見面，黃媽媽很冷靜、思慮很清晰，也看得出來她有高度的戒心，那次會面，我們都在觀察彼此。

見面回來後，我認真的思考要不要進行這個題材的拍攝，因為這是一般傳播人最怕觸碰的那種題目。老案、軍方、無法拍攝的家人、難以獲得的經費、難以建立的觀點和相當有個性的被拍攝者，這是智商超過八十、入行超過五年的傳播工作者，都知道不要碰的冷僻題材，於是我猶豫了好一陣子。

再次和黃媽媽見面，我訝異的發現，黃媽媽除了追查「自己家孩子」的真相，還參與了如此多「別人家孩子」的協助，只因為出於死了這麼多孩子，家長為什麼都不作聲的悲憤。黃媽媽長期自費自力的孤軍形象突然在我腦中躍出，而且我知道，有媒體的長期加入，也許能增加一點點找到真相的機會，是的，一點點。

於是，我決定成為黃媽媽的友軍，於是，加入友軍後的黃媽媽成為一支大一點的孤軍，呵呵。

在拍攝的三年半過程中，黃媽媽一樣持續的接到軍中案件的申訴，在多方折衝、角力、鬥智、迂迴和勇敢局內人的協助之下，我們竟然能進部隊紀錄到多個案件的完整全貌，這大概是台灣媒體第一次的經驗吧。過程中我發現，黃媽媽不再只是一個處處想和軍方唱反調、只想給軍方難看的母親，黃媽媽早已蛻變成一位能夠冷靜協助雙方的溝通者和保護者。時代的改變也使得軍中人權事件不一樣了，案件樣貌已經從單純的霸凌到複雜的雙方權利義務觀念的衝突，黃媽媽曾感嘆的說，每個人都是別人的孩子，何苦互相傷害。此刻的黃媽媽，只有愛沒有恨。

於是我請黃媽媽將協處過的案件整理出書，但故事的複雜和軍中事務的專業，使得文字化過程遇到了極大的困難。還好，在好友、前客家台台長、優秀資深媒體人李儒林先生，同時也是孤軍紀錄片的主題曲《微光》的作詞者，挺身而出、兩肋插刀的書寫下，得以完成這本台灣第一部的軍中人權實例專書，過程中特別感謝何榮幸先生和玉山社團隊的協助，終於，友軍的不斷加入，使得這隻孤軍更加龐大了。

我們繼續堅持，並相信友軍就在不遠處，希望這次是「巴思通戰役」而不是「衡陽保衛戰」。

推薦序

她不是我媽

黃思蓉（黃媽媽的女兒）

從女兒的角度寫這篇序時，一幕幕的景象像倒帶一樣又浮上了心頭。國章的死跟海浪一樣，把我們家翻成四分五裂，連帶把我媽從一個傳統的婦女翻成軍中人權的黃媽媽，從那一刻起，她已經不只是我們家的媽媽了。

數不清幾次，我媽常常一通求救電話就趕著出門，不管酷暑、寒風刺骨、滂沱大雨……。凌晨我們還在被窩，她接完電話後就趕緊穿衣出門，我的心跳得好快，無法安眠。隔天她會告訴我，又去了醫院、殯儀館、驗屍間……，都是別人能不去就不去的地方。

身為女兒的我心疼她奔波，也氣她為什麼要堅持這個吃力不討好的工作、傷身傷神。她也只會回答：那是一條命啊……。

我媽的心隨著國章沉入汪洋大海，忘了岸邊還有我們。

她有她的掙扎，我們做兒女的也有。

我媽剛投身軍中人權時，家屬在我們家來來去去，每個來都一定會哭，來幾趟就哭幾趟，經年累月在這種氛圍下，讓我去拜拜的時候都求神明趕快讓國章的死真相大白，這樣我媽就會結束這一切了。

我媽對不能救國章自責，我對不想陪我媽過這種日子愧疚。她做得到，我做不到。

晃眼廿多年了，那些風風雨雨跟瘋瘋語語都在鍛鍊我媽跟我們，我媽在家屬與軍方中協調處理許多她沒做過的事，內化了很多心得跟潛規則，不管是軍方、家屬還是她自己的家庭。我們則是一邊看一邊試著理解這一切，同時學著跟他們分享我媽。

前兩年我跟我媽說請繼續當軍中人權的黃媽媽，她當軍中人權的媽媽比當我們的媽媽還要當的好。我看見也意識到這彷彿是她的天命，沒有人比她更稱職。她不做，那些像國章一樣驚恐又無助的孩子怎麼辦？

那回她卻告訴我她累了，想回來了。

但我知道國章的那根鋼針仍會帶著她穿針引線修補每一個需要的軍中靈魂。

自序

有些路還是要一個人走

李儒林（本書作者）

對你而言，她是一個失聯多年的朋友，一位對兒子離奇死因耿耿於懷的母親；有人對她敬而遠之，就怕和她打交道，但在軍中暗黑角落裡卻有更多人需要她。究竟要多長時間，才會讓她忘記失去兒子的傷痛？一輩子吧？也可能一輩子都不夠；她哪來的能量去衝撞體制？不知道！因為她的能量大到連她自己都不知道要如何控制、極限又在哪裡？

廿三年前（一九九五年六月九日），提前服役的長子黃國章登上南陽艦出海沒多久突然「被失蹤」，六天後，對岸福建籍漁船將國章遺體打撈上岸，一夜之間「逃兵通緝」變成了「因公殉職」。後山的親友希望她節哀順變，然而，她無法「節哀」，更不甘於「順變」，接下來的一舉一動反而都在試著「改變」，改變長久以來被忽視的軍中人權問題。

那時，你才是初出茅廬的記者。

同年底，台灣正值第三屆立法委員選舉，加上隔年就是首屆總統直選（當時，正副總統與立法委員選舉尚未合併）；因此，年底立委選舉不僅被視為總統大選的前哨戰，更攸關各政黨實力消長與權力重新分配。總統直選後，緊接著啟動「凍省」（台灣省虛級化、停辦省長及省議員選舉）以及「行政院院長由總統直接任命，不須經立法院同意」的第四次修憲工程。若不是浮動的政治時局與詭譎的朝野氛圍，讓她不斷有機會以行動抗爭獲得媒體關注、搏取版面，否則國章的冤案一樣石沉大海。

長期以來，軍方一直是外界無法了解、監督，甚至被形容為「紙包得住火」的單位，選擇揭露或者隱藏全都在軍方的一念之間（最後多半選擇了「隱藏」）。廿三年來，她沒有一刻不在為追求國章死因的真相奔走，也沒有一刻不在協助軍中弟兄姐妹、家屬調處一樁樁軍中人權申訴案件。

你不禁想：如果，近四分之一世紀以來，台灣的「軍中人權」能夠被彰顯以及獲得些許保障，那麼社會都不該忘記這是一位十九歲的年輕小伙子用生命換來的，更歸因於一位隻身拉開窗帘、讓陽光灑進來的平凡母親。

老一輩的人常說：當兵是把孩子送給國家，孩子若能平安退伍就算是撿回來的。在那個年代，「因公殉職」，或者「意外身亡」，都被視為當兵必須承擔的正常風險。但事實如何呢？有多少是外界無法、也無從了解的。因此，你寫這本書的目的並不是扒糞，讓軍方蒙受負面形象，而是希望各方正視軍中管教的問題，唯有如此才能保障軍中人權，讓軍隊走向正常化。

「我會消失一陣子，去淡水紅樹林海邊吹吹風，有事晚點再聯絡。」

寫序的這一天傍晚，她傳來一通簡訊；吹吹晚風、一個人靜一靜，已經成為她最近的生活寫照。

獨自承受「家敗兒亡」的橫逆，勇於衝撞暗黑體制的她被封為「鋼鐵媽媽」，但堅毅封號的背後所付出的代價可不小。先不論軍方是如何看待這位「打蛇掐七寸、飆罵不眨眼」的母親，和個案家屬間的互動才是她畢生都在學習的功課。是個性使然吧，加上面對不同個案自有不同的處理模式，她介於軍方和家屬之間常常因為誤會、嫌隙搞得兩面不是人；她從不奢望案件告一段落後，就此「綠楊宜作兩家春」，相反地，合則來，不合則回到各自生活常軌，誰都不欠誰。

你想，這個時候的她應該又發現了一條羊腸秘徑，寄情於山水、花鳥之間，再過幾小時，你會在她臉書上看到野鳥覓食、日落月升、潮汐往復的貼文，她形容這樣的自己簡直是「玩物喪志」。但你清楚，這個時候的她並不是單純想要獨處或不被打擾，因為，有些路還是要一個人走……

目錄

第 *1* 通 無法改寫劇本的人生

「大嫂，大哥中午騎摩托車跌倒了，醫生說可能是中風，妳快點回來看看……」

廿多年來，碧娥和清文之間其實只剩名義上的夫妻關係。

二〇一七年四月十七日下午三點，接到小嬸突然來的一通電話，縱使碧娥有千百個不願意，卻還是匆匆整理行李，搭了隔天一早的火車趕回後山花蓮。

五天之內，清文二度中風，幾近全身癱瘓，就算仍有些許意識，但已無法言語，必須靠鼻胃灌食才能維生；醫生研判：就算心血管裝上支架，復原機率也不高。與家人商量後，碧娥勉強以「配偶」身分簽下了放棄急救同意書。往後住院治療，以及出院後入住安養院的期間，碧娥和女兒思蓉頻繁往來於台北、花蓮之間，也終於有機會和清文好好地聊聊「國章」紀錄片拍攝進度及案件的始末。

□

一九九五年六月八日，海軍南陽艦正展開出港偵巡勤務前的整備作業，十九歲的國章好不容易逮到一個空檔撥電話回家，急促地向母親表示：

「軍艦離港後，會有人對我不利，妳要想辦法快點救救我。」

這一通電話竟成了母子兩人今生最後的對話。

隔天下午，六月九日南陽艦離港展開偵巡任務。當天深夜，軍方告知家屬國章「失蹤」了；一、兩天後，碧娥和親友陸續收到國章生前寄出的信：

「在海上真的想跑都沒地方跑。我來當兵可能當錯了。」

「家人不幫我，我只有三條路可走：一是殺人，二是逃兵，三是死。」

國章最後選擇了什麼方式「失蹤」，沒有人曉得。

起初，軍方還指摘「國章太過年輕，無法適應軍中生活」、「同艦官兵在甲板上親眼看見國章穿著便服跳海」；除了三番兩次到花蓮國章的住處，疾言厲色要求家屬「交人」，甚至揚言發布通緝。若再遍尋不著，國章將就此成為「逃兵」。

六天之後，一具嚴重腐敗、五官無法辨識的遺體被福建籍漁船（閩獅漁二一九三號）打撈運回到福建石獅漁港，軍服上兵籍名條繡著：

「黃 253185 黃國章」

之後，軍方態度丕變且改口說：國章「應是執行公務落海」，將會依規定予以必要撫卹，請家屬不必擔心往後的生活。但是為何會落海？有誰目擊？落海之後艦長是否下令積極搜救？為何繼續執行勤務並未及時通報？又為何第一時間向家屬表明國章私自離艦？難道軍方篤定認為國章的遺體永遠不會在茫茫大海中被發現？種種的疑問，碧娥找不到解答。

□

痛失愛子且急欲挖掘兒子落海身亡真相的碧娥，不斷勸說著清文一同前往福建廈門，把國章的骨灰接回台灣。這是碧娥此生第一次出國，心頭沒有一絲一毫興奮愉悅，反而劃著刀割般的痛楚。

質樸寡言的清文是位遊覽車司機，一輩子安分守己、交友單純，不曾與人發生過節；儘管長子意外身亡讓他心中有千百萬個不甘，就算再怎麼嫉恨從此家敗人亡，但說什麼也不想與軍方龐大且黑暗的勢力對抗。他靜默的個性和碧娥公開喊冤、淒厲哭訴，甚至幾近歇斯底里、瘋狂找尋真相的行事風格大相逕庭。

果然，出發前兩天事情有了變化。

清文因為擔心此行遭遇不測臨時變卦。熟知清文個性的碧娥不是沒有心理準備，只是沒想到它真的發生了。她當下心想：難道這是為人夫、為人父該表現出來的怯懦？清文擔心遭遇不測，難道自己就有理由無懼？沒想到，清文卻說：

「妳如果被殺了，我就會幫妳報仇。」

「如果這是你最後的決定，那就等著我處理完國章的事，再來處理我們之間的事！」

碧娥冷冷地回應。期盼另一半陪伴、呵護的心和地上散落的機票一樣，全被清文撕碎了。

□

仔細檢視土葬過後散發著屍臭的遺體，碧娥確認了國章的身分，遺體隨即移往福建晉江市火化；此行，她帶回了國章的骨灰，也帶回當地法醫在國章入棺下葬前所拍攝的四張照片。

帶著僅僅四張如名片大小的照片，碧娥找上當時的監察委員趙昌平。曾任台北地方法院檢察署主任檢察官、台灣高等法院檢察署檢察官的趙昌平拿著放大鏡對著這四張乍看毫無蹊蹺可言的照片端詳許久，最後淡淡地跟碧娥說：妳先回去把照片拿回去放大……，能放多大就多大吧。

這種口氣簡直就像是想快點打發陳情人離開，碧娥心想，監察委員不過如此，心裡全是絕望。

一個星期之後，碧娥拿著放大的照片再度找上監委趙昌平，只見趙昌平露出詭異且得意的笑容對著碧娥說：果然不出我所料。

「妳仔細看，妳兒子血肉模糊的頭顱插著一根長長的鋼針（布袋針），右邊的頭骨上還有一個三角形銳器。」

這個簡直可以指控艦上施虐的新事證，讓碧娥在長期的失落中找到一絲為兒子平反的光亮，說什麼也不會再相信軍方的任何說詞，也因此展開更密集、更激烈的抗爭行動，要求軍方「追查真相、嚴懲凶手」。

□

一九九五年至一九九六年間，台海爆發飛彈危機，兩岸相互放話緊張對峙，而一九九六年更將舉辦四百年來第一次的「總統直選」。為了追求國章落海真相、引發社會關注而奔走陳情的碧娥，每天幾乎都會出現在監察院、立法院或國防部，甚至接連幾天召開記者會、走上街頭激烈陳情訴諸社會公義的支持，她的舉措挑動敏感的政治神經與兩岸時局，自然獲得當時府院高層的關注。

但這一切的一切始終沒能獲得枕邊人清文的支持。尤其，向總統府遞交陳情書的那次。

這天清晨，清文載著碧娥從花蓮出發，繞著北宜公路九彎十八拐逶迤北上（按：北宜雪山隧道係於二〇〇六年六月十六日全面通車）。一路上碧娥只是靜靜望向窗外，讓自己完全放空，任清新的山風吹拂憔悴的臉龐；相鄰而座的兩人依舊沉默無語，但這已是國章遇難後她和清文距離最近的時候……。

沒想到，接近總統府時，清文竟冷不防地說：這裡不好停車，等等妳自己進去，我在外面繞繞；說完，便逕自停在北一女大門的貴陽街口。當下碧娥整個人都傻了，一句話也說不出來，就這樣在車裡呆坐半晌，直到清文看見不遠處值勤員警慢慢走近，示意碧娥快點下車，隨即驅車離開……。

下了車的碧娥知道自己的心徹底死了，清文在她的心底也是。原本她想著，若能有個可依偎的臂膀，多好；若能有個可說說心裡話的人，多好；若能聽到一些撫慰心靈的話語，多好。現在，兒子走了，先生不但沒有給予支持，反而在各種時機點將她狠狠甩在地上。看著一地的樹葉，她想起那天被撕碎一地的機票，對清文的漠然不應、冷酷無情感到不屑。

直到路口燈號轉換了好幾次，碧娥才深深吸了一口氣，流著淚走進總統府，這次不是為兒子國章，是為自己哭。

□

懷著對軍方的仇恨與對先生的怨懟，碧娥隻身北上長期抗戰，一頭栽進捍衛軍中人權的領域，只要身心疲累想放棄時，就以「連想家的念頭都不可有」懸樑刺股般地隨時提醒自己。

接下來的每一天，碧娥都在打游擊戰。

如果她不在立法院召開記者會陳情，就是無預警跑去監察院、行政院大門口靜坐；如果在地下電台也聽不到碧娥的聲音，那麼你就有機會在立法院圖書館見到她研讀法律條文的身影。擔心新聞的熱度消失，她總是想辦法製造新的衝突，或者更激烈的手法。

令家屬感到無奈的是，一九九七年七月廿二日，海軍總司令部在「未尋獲黃國章遭殺害棄屍證據」下，宣布全案不起訴；只有上校艦長馮逸成遭監察院彈劾。

一九九八年三月，快要無計可施的碧娥又突發奇想與幾位友人串通，鎖定時任國防部長蔣仲苓的座車攔車喊冤，這種螳臂擋車的舉動嚇壞了立法院駐衛警及部長隨扈，但也才有機會獲得蔣仲苓的正式接見，雙方得以坐下來長談，如何透過民間參與監督改善軍中人權問題，以及為服役的軍士官兵辦理保險的可能。

除了獨自面對軍方欺瞞的暗黑勢力與體制外，碧娥還得抽空回頭處理與清文之間既絕裂又緊繃的關係。

下定決心離開清文的碧娥，兩次主動提出離婚協議要求簽字。也許是大男人心態作祟，也許覺得在純樸的後山，離婚對家族與鄰居來說都是件丟臉的事，清文撕毀了離婚協議，連談都不想多談，只是對碧娥說：

「要不是妳還有一個老公在，不然妳早就被謀殺掉了。」

但隨著碧娥抗爭力度逐漸增加，動不動就訴諸社會公義輿論，甚至常常在媒體上曝光搏版面，反倒讓清文再也看不下去了。

有一回碧娥回到花蓮小叔家暫住，從不搭腔的清文竟然主動提出離婚協議，原因是「再這樣下去，如果妳在外頭真的死了，我還要幫妳收屍很麻煩。」

這次碧娥拒絕離婚的請求。從此兩人長期分居兩地，維繫著「夫妻」關係。

那個曾經只想著一輩子待在花蓮後山經營洗衣店，不時與街坊三姑六婆一番，或者沒事做做裁縫女紅的「碧娥」徹徹底底不存在了，更多的人都稱呼她是「官見官怕、鬼見鬼愁的黃媽媽」。

□

一九九九年九月十四日，黃媽媽首度受聘國防部官兵權益保障委員會諮詢委員為軍中人權奮戰，往後，便不再想起後山的日子。只是廿年過去了，對於國章落海真相，海軍仍然無法給出讓家屬信服的說法。

二〇一六年二月廿一日，黃媽媽在臉書公布一篇網誌表示掌握到最新事證。這份新事證是「行政院軍事冤案申訴委員會」（該委員會已於二〇一四年八月裁撤）向海軍司令部調閱「黃國章案」的卷宗內容，也因為這份卷宗，「行政院軍事冤案申訴委員會」最後決議將「黃國章案」移送司法重啟調查。

國章落海當年（一九九五年）八月十三日，海軍保防官李偉榮在海軍看守所，對一名曾在南陽艦服役的陳姓二兵作了筆錄。筆錄中載明，國章在生前就遭到艦上學長鄭姓一兵（鄭〇安）「特別關照」，不僅多次拳打腳踢，落海前一天（六月八日）晚上九點多，鄭姓一兵與王姓補給中士（王〇忠）硬是帶著國章到廚房施暴。正在煮綠豆湯的陳姓二兵（即筆錄被訪談人）親眼目睹國章的臉部遭鄭姓上兵揍了一拳，甚至要求其他士兵架起國章的雙肩，再由鄭姓一兵拉住國章左腳擱在汽鍋開關旁，故意讓煮著綠豆湯的高溫水蒸汽燙傷國章左腳，並警告國章「以後再白目試試看」。

這份筆錄幾乎可以證實國章生前即遭到不人道的凌虐，黃媽媽甚至合理懷疑國章根本是被凌虐致死後才丟進大海裡，且軍方故意營造出逃兵的假象。

重啟司法調查後，高雄地檢署一度認定時任南陽艦艦長的馮逸成未積極搜救，因此依「業務過失致死罪」嫌起訴（二〇一五年八月二日）；新的事證又幾可斷定南陽艦上充斥著施虐與不當管教；但二〇一六年六月廿三日高雄地方法院認為，被告艦長馮逸成所涉《刑法》第二七六條第二項「業務過失致死罪」嫌，依當時法律規定，追訴權時效期間為十年（黃國章落水案發生於一九九五年，追訴期十年應至二〇〇五年），已逾追訴時效，全案審結，判決不受理。

□

二〇一八年三月底，坐在輪椅上的清文靜靜看著製作團隊剪輯完成的國章紀錄片，這一回他不僅沒有一絲不耐的表情，觀看影片時甚至多次激動地嗚咽啜泣。

清文終於不再逃避，這一天，碧娥盼了廿二年。

曾經，碧娥告訴自己，如果哪一天清文倒了下去，一定會一股腦把積累的怨恨全都發洩出來，想方設法報復這個沒血沒淚的人；但現在，她的心中只有憐惜，連多叨唸一句都覺得自己殘忍。

長子國章的離開在全家人心中都刻著很深很深的傷痕。

除了清文始終不願面對、置之事外的冷漠態度外，碧娥也因為長期調查國章落海真相，並投身捍衛軍中人權，完全忽略經營親子關係。近年來，碧娥與女兒之間終於漸漸冰釋，並在台北租屋同住；但在成長過程中幾乎遭到忽視的小兒子，與家人之間形同陌路。

至今碧娥仍然接到不少申訴或爆料軍中不當管教的電話，但已經沒有年輕時那種「逢軍必反」的衝動；反而希望家屬之間相互扶持，避免因為互相傷害而毀了一個家庭。畢竟，含恨情緒很容易在找不到出口的情況下投射到最親的家人身上；這一點，是經歷家毀人亡的她再也不願見到的。另一方面，只要軍方心態正確，公平透明處理申訴案，也不見得每一個案件非要搞到公諸媒體不可，徒增爭取曝光的「收割派民代」的覬覦。

「如果社會只站在抗爭或仇恨的對立面看待軍中人權問題，是無法真正改善軍中體制問題的；一味抹黑或羞辱，也無法讓軍方訓練出精良的官士兵。否則，我們既無法期待役男對國軍產生認同，也別想奢求將來的軍隊具備保家衛國的能力。」

如果你認為，那個曾經冒死捍衛軍中人權的碧娥變了，變得更容易妥協、立場向軍方傾斜，那麼她會告訴你，自己扮演的一直是雙方溝通的「平台」，而不是「仲裁」。這一路的跌跌撞撞讓碧娥體悟到，這世界上從來沒有所謂的公平正義、沒有所謂的事實真相，如果有，也只短暫存在於軍方與家屬達成和解的那個瞬間。

第2通
空軍彈藥失竊爆發集體刑求逼供案

一九九九年九月十四日，黃媽媽才首度獲聘成為國防部官兵權益保障委員會諮詢委員，沒想到，半個月後就有案件「上門了」。

「黃媽媽，被關的小朋友都是被刑求的，你快點去救他們……。」

某個下午，黃媽媽騎著摩托車前往立法院的路上，接到一通電話，只短短說了幾句話隨即掛斷。

十月初，空軍桃園基地相繼發生兩次彈藥失竊案。不過只過了短短一天，十月四日就有「好消息」傳來。軍方聲稱掌握五名「重嫌」，包括當天的衛哨羅樟坪、彈藥補給兵蘇黃平、駕駛兵王至偉等三位役男，以及涉嫌人「自白」供出的民間人士練忠和（蘇黃平二姐夫）和一名十六歲的華姓少年。

黃媽媽直覺這是「水鬼塞涵孔」（閩南諺語，隨便抓個人塞滿坑洞，亦即找個替死鬼充數），軍方一定會找階級小的出來頂罪。

□

時間：一九九九年十月初

地點：空軍桃園基地

事件：

I. 十月三日：B彈藥庫側門遭油壓剪破壞，T65突擊步槍8,960發（共八箱）穿甲彈失竊。

II. 十月十一日：L彈藥庫遭破壞，防紅外線火焰彈60枚、空用外載拋棄用起爆管炸藥包22包、練習用手榴彈17枚，及彩色發煙手榴彈22枚失竊。

半信半疑的黃媽媽還不知要如何查證此事，只好先致電國防部長唐飛，希望查案過程不得有不當刑求的情形發生，當下也獲得了部長承諾將展開內部自主調查。

已經掌握五位涉案嫌疑人的軍方深知：人是抓到了，但獨獨缺「證據」，否則就能儘速宣告破案。

於是北區軍事檢察署提訊三名役男「模擬」當天的作案過程：駕駛兵王至偉負責關掉彈藥庫探照燈，蘇黃平、羅樟坪將子彈運到軍車上，載到基地外圍彈藥庫，再由民間人士練忠和接應，載往他處……。然而，這所謂的「犯案過程」全是憑空捏造的，自然沒有一個人能實際「供出」贓物——失竊彈藥的確切流向。

調查還在偵辦中，國慶日的隔天又發生第二起失竊案，這次失竊的彈藥包括火焰彈、起爆管炸藥包、練習用手榴彈，以及彩色發煙手榴彈。

「人都被關了，竟然還可以同地犯案？很明顯，他們肯定是被刑求了。」

黃媽媽這麼想的同時，也登門拜訪監察委員趙昌平，請監察院國防及情報委員會在調查空軍桃園基地彈藥失竊時，務必要注意專案小組是否刑求、讓涉嫌人屈打成招。

一天半夜十二點多，黃媽媽家中的市內電話響了起來。相當疲累的黃媽媽原本打定主意不想理會，沒想到電話鈴聲一直響個不停，彷彿還愈響愈大聲，這肯定是有什麼要緊的事。

「黃媽媽，刑求是真的，但不瞞你說，我是想借你的手，砍砍囂張的保防官，他們『掌控』所有案情發展。」

這頭的黃媽媽想再多問什麼，對方立刻掛斷了電話。

專案小組都已經大動作偵辦調查，基地彈藥卻一再失竊，這肯定是「內神通外鬼」的典型案例。但誰是內神？誰又是外鬼？黃媽媽決定自己到基地走一遭。

某天傍晚，黃媽媽偕同友人到占地三千公頃的空軍桃園基地週遭「地毯式」散步，為了避免哨兵起疑，一行人一路上有說有笑，這才發現基地有部分區塊和民地重疊，毫無衛哨管制；別說貓狗可以來去自如，就算是成人也只消側個身就能進出營區。

這樣的情況，自然無法排除內應通報消息後，由外鬼潛入偷竊的可能。

□

十月底，空軍總部發言人針對刑求疑雲對外強調，軍方專案小組根據事證辦案，羅樟坪、蘇黃平、王至偉三人確實涉嫌重大；而在留置室隔離偵訊過程中，不僅有軍事檢察官督導，並全程錄音、錄影，絕不可能逼供或屈打成招。十一月二日，國防部北區地方軍事法院桃園分院檢察署與聯手偵查的桃園地檢署也嚴正否認抓錯人，強調偵查方向並無錯誤；軍檢是在多方查證並蒐集到部分證據後，才將三人移送羈押，反而是涉案人供詞反覆，甚至懷疑三人在案發前就多次模擬串供，才會拖延偵辦進度。

循正常體制無法獲得聲援的黃媽媽再度登門拜訪監察院，希望在獨立調查此案時能特別注意是否有小兵遭到刑求，並且多次往返於立法院，希望朝野立委給予關注。但是，得到的回應令人相當失望。

「黃媽媽，我在做檢察官的時候，每個家屬都跟我說家人被刑求……。我很想幫妳啊，但是妳沒有證據就不可能破案，我也幫不上忙。」（T委員）

「妳不要一直鬧了啦，軍方調查說沒有就沒有；還是你想選舉？乾脆妳自己出來選立委好了！」（F委員）

十一月廿三日凌晨，四名歹徒前往海岸巡防司令部（前身為「台灣警備總司令部」，於二〇〇〇年二月一日併入「行政院海岸巡防署」）大園營區崗哨，企圖槍擊士兵奪槍未遂。這起搶槍未遂事件，因為地緣的關係，使得大家對於膠著的案情產生不少聯想。而三名士兵遭凌虐刑求的傳言更是甚囂塵上。

隔年二月二日，六名歹徒持槍搶奪空軍桃園基地衛兵國造六五式 K2 步槍得逞，經由衛哨兵指認，剛從該基地退役半年的營長傳令兵陳〇鎮涉有重嫌。四天之後，陳〇鎮自知身分曝光恐怕難逃法網，連同涉案人方〇誠、徐〇南、張〇隆等四人主動投案，同時坦言彈藥失竊案與在押的三名士兵、兩位民間人士沒有任何關聯（專案小組最終循線追查到同夥張〇濤、吳〇星、劉〇廷等人，並順利找到遭竊的彈藥與槍枝，犯案集團的企圖是計畫在農曆年前搶劫銀行與運鈔車）。

空軍基地彈藥失竊案，竟揪出兩組犯案人馬，原本以為只要軍方主動出面、勇於認錯道歉就罷了，但「一案雙破」的荒謬劇情才正要開始。

□

二月中旬，一位參與專案偵辦的情治人員，因為看不慣軍方高壓偵訊方式，擔心自己日後遭到牽連，因此偷偷保留了軍方刑求的相關物證，又透過秘密管道對外透露軍方刑求凌虐的方式多不勝數。像是：拳打腳踢、電擊棒電擊、以冰塊冰凍下體、以尖刀刺指甲縫，甚至以竹筷夾手腳、將嫌犯泡在水裡，然後以冷氣狂吹、挖坑深埋至頸部、雙手銬在床邊強迫晝夜站立，剝奪嫌犯睡眠等等。

同一時間，被收押的役男家屬出面說明遭關押的小兵都有不在場證明，或者有不可能犯案的理由。

其中，樟坪十月一日才從原單位的消防分隊改調看守彈藥庫後方的水塔，要如何在短短一天之內，摸清彈藥庫附近地形，且與外人串通協助犯案？居住在三芝的黃平，放假期間返回三芝住所，除了沿途加油的發票可做為證據，黃平的友人也願意作證。至於駕駛兵至偉則休假在家，直到突然接獲部隊緊急召回才趕赴營區。

「軍方凌虐逼供」的情況已經是紙包不住火，甚至傳出所謂的「自白」全是軍方事先寫好劇本，強迫三人蓋上手印。

外界也才終於體悟到，三名役男所經歷的很可能是永遠見不到天光的暗夜。

「黃媽媽，『一案雙破、兩個真相』這個臉，軍方是拉不下的，聽說他們還是會起訴三名士兵。」

再度接獲密報之後，黃媽媽立刻打了幾個電話，並且拜會空軍總司令部，要求立即調查刑求案；空總的回覆是：將會立即展開自主調查，並處置失職人員。經過兩個星期自主調查，結論是「沒有刑求」，軍方也要求外界拿出刑求具體證據，否則就不該再捕風捉影、抹黑軍方。但黃媽媽的抗爭行動哪裡有可能就此打住，她稍微轉個念頭，立刻將目標鎖定國防部；目的是引起輿論以及更高層的注意，讓軍檢不致妄動躁進。

果然，一名高等軍事法院檢察署周姓檢察官致電黃媽媽，希望與黃媽媽連袂出擊，一探刑求虛實。這天，黃媽媽帶著家屬在營區外拿著大聲公吶喊鼓譟，甚至帶著雞蛋備戰，而周姓軍事檢察官便趁勢直驅營區勘查，鎖定可能的地緣關係；不一會兒便找到了疑似施刑的營舍，並發現鋁棒、礦泉水瓶、竹筷等「刑具」。刑求案鐵證歷歷，案情自然急轉直下。

二月十九日，樟坪、黃平、至偉三人終於得以交保候傳；三月廿四日，軍方為求破案刑求逼供的案件反而進入偵查階段。

□

「他們捉到了真正的嫌犯，但是仍然不願意撤銷對我們的指控。」至偉這麼直覺著。

這並非一種過慮。

這樁被證明是一場草率偵破的彈藥失竊案，不僅活脫脫是個烏龍案件，且因為涉及太多單位，一旦刑求事跡敗露，軍、檢、調、憲、警的面子根本掛不住。軍方最後仍將這三位士兵列為共犯嫌疑人。

「所有的劇本都是軍方自己編的，他們目的就是要栽贓，自己沒做就是沒做，就算刑求也不會認罪。」

事實上，被關押的三人當中，就屬至偉的「嘴巴最硬」；不但打死都不承認和彈藥失竊案有關，還公然與軍中保防官頂嘴、向專案小組嗆聲，也因此，在刑求過程中被打得最慘。自認倒楣的至偉自然不滿軍中同袍羅樟坪硬是將他拖下水、瞎扯他是「共犯」，才讓他百口莫辯……。

樟坪是位誠懇老實的「古意人」，事情發生之後，受不了軍方的恐嚇一下子就被迫「認罪」。即便是交保候傳也窩在雲林老家與世隔絕，無意向外界求援，甚至依照軍方的劇本向家人「坦承」行竊彈藥的罪行；因此，羅家上上下下也都以為樟坪確實涉及竊盜彈藥。鮮少談及案情、不敢與外界互動，家人怕的就是，如果再說錯一個字，恐怕會被軍法判處唯一死刑。

直到黃媽媽透過在地記者協助，循線找到羅家人並試著突破心防、鼓勵家人向外界發聲求援，和其他家屬連成一氣對抗軍方及檢調的暗黑勢力，樟坪才一五一十地說出自己被刑求、恐嚇的慘痛經過。這下子，一旁的父母、姑姑等人恍然大悟，驚覺一家人全被軍方誤導了。

四月十一日，召開刑求案第一次偵查庭，羅樟坪、蘇黃平、王至偉三人當庭翻供，並指認空軍反情報小組何○耀、梁○樹兩人是刑求主謀；過去軍方所提供的「供詞」，全是軍方自己編寫的說詞，但空軍總司令部對外依舊聲稱查無刑求實證。

四月十八日，樟坪、黃平再度主動指認空軍總司令部少將政戰副主任高○○、許○○上校。

當初被關押刑求時，高、許兩人確實曾入內巡查並詢問是否有刑求，當時樟坪、黃平主動申訴並翻開身上所留傷痕，希望兩人主持公道；結果高、許兩人不但視而不見，還說：「沒關係，沒關係，這樣還不會死。」

□

有好一陣子，黃媽媽家中充滿著揮之不去的油漆味，因為家屬及聲援者連夜趕製「十大罪刑，空軍最行」、「掉彈失槍我最行，空軍辦案樣樣刑」的抗議白布條。在媒體爭相報導的情況下，家屬大肆抨擊軍方，使得軍方再也不敢輕舉妄動。

就在家屬以為平反情勢一片大好之際，黃媽媽卻掌握到一份立法院與空軍總司令部之間相互對傳的傳真資料，內容直指朝野軍系立委計畫「介入」為刑求軍官關說，要求空軍總司令部務必把整起事件壓下來，避免軍官因案遭判刑。

五月初開始，黃媽媽幾乎天天帶著家屬前往空軍總司令部（仁愛路舊址）靜坐抗議，並用打電話、寫陳情信，以及耳語的方式展開病毒式傳播，到處擴散軍中隱匿不當刑求的訊息。

五月十日，軍事檢察官與樟坪、黃平、至偉及家屬前往空軍桃園基地，進一步確認遭羈押及刑求地點，並提出軍方偽造體檢表等物證；六天之後，空軍反情報總隊成員柯○

慶、何○耀確定因涉「刑求案」遭收押。

遭指控涉案的練忠和及華姓少年兩位民間人士分別在六月底、八月中旬獲得不起訴。時隔一年之後的二○○一年四月十六日，國防部高等軍事法院判決確定軍方所涉「刑求案」有罪；半年後的十月十七日，樟坪、黃平、至偉人終於獲得不起訴處分。

因本案被無端牽連的樟坪目前在自家紡織工廠幫忙，黃平從事營建裝潢工程，至偉任職於私人公司擔任主管職務。

※

提出寫書的構想之後，黃媽媽立刻脫口說出：「我第一個就要講『空軍掉彈案』。」

之所以這麼堅持，並不是因為黃媽媽協同內線與軍方展開諜對諜的過程，也不是因為這個案子一口氣讓五位無辜受牽連者遭到平反；而是過去就常聽聞軍中刑求、逼供的情形嚴重，卻苦無具體事證，而這個案件稱得上是首宗罪證確鑿的軍中刑求案，急轉直下的案情讓軍方顏面無光、啞口無言，也才真正揭開軍中的黑幕。

令黃媽媽至為感念的是，幸虧當年有幾位不畏懼威權的軍檢、法官，在關鍵時刻挺身而出對抗高層的關切，才有機會在槍口下搶救出被刑求的士兵。而令黃媽媽不以為然的，則是當時竟然有立法委員因為家人承攬軍方工程的私利考量，公然介入為軍方關說，企圖讓軍中幹部免於懲處，甚至阻止破案。即使時隔廿年，想起來還是令人髮指。

※

回想整起案件的處理經過，黃媽媽感慨如果依照過去軍事審判制度，這起重大刑求案恐怕會速審速決，被誣指為嫌疑人的役男最重可能處以死刑；而原本以為會適時給予協助的部分立法委員，卻在關鍵時刻被人起底，或為軍方刑求案關說、或為爭取媒體露出舞台而淪為「收割派」立委，一樣令人遺憾與心寒。

是時間上的巧合？也或許一切都是冥冥中注定。

就在案發前兩年的一九九七年十月三日，「大法官釋字第四三六號」認定《軍事審判法》第十一條：「國防部為最高軍事審判機關」，使軍事機關完全掌理具司法性質之軍事審判，已明顯違反《憲法》第七十七條：「司法院為國家最高司法機關，掌理刑事訴訟審判」意旨；並且不符合正當法律程序之獨立、公正之審判機關與程序的最低要求。本於憲法保障人身自由、人民訴訟權利，大法官會議決議，兩年內，軍事審判制度必須符合審判獨立原則，區分平時與戰時予以規範。在平時經終審軍事審判機關宣告有期徒刑以上之案件，應許被告逕向普通法院以判決違背法令為理由請求救濟。

《國防部組織法》在二〇〇〇年一月十五日完成立法、一月廿九日公布施行，使得軍中官兵犯罪案的偵查、起訴及審判得以逐漸獨立於直屬將級軍官之外。

另，立法院於二〇一三年八月六日，三讀通過《軍事審判法》部分條文修正案，就軍事審判制度區分平時與戰時予以規範，現役軍人犯《陸海空軍刑法》或其特別法之罪，於戰時仍應受軍事審判，於平時則移歸司法審判。

第3通

集體脅迫致使中士以電線自縊案

「老爸、老媽，眞的很感謝你們，但最終我還是要跟你們說聲對不起。兄弟，我這個做哥的，沒有一件事能讓你學習，有的只有一堆缺點及陋習，幸好你很堅強，比我有用；老爸、老媽就拜託你了，感謝你，也很對不起你。」

「學長，如你所願，我眞的被你搞死了，你們高興了吧；課長，對不起，是我太囂張了，你看不過去也是應該的，所以，我只好消失。」

七月八日，小杰的父母才從花蓮遠赴高雄岡山空軍航空技術學院，欣喜參加二兒子畢業典禮；沒想到相隔一百卅公里遠的廿三歲大兒子小杰，隔天卻在外島基地雷達站油機房配電間留下五封遺書後，以電源延長線上吊；清晨六點卅分，經戰管中心上尉軍官巡視營區時發現。

「黃媽媽你好，我是小杰的叔叔，我大哥（即小杰父親）已經全權委託我處理小杰後續賠償，希望你能協助處理姪子自殺的案件。」

□

時間：二〇〇四年七月九日
地點：空軍某外島基地雷達站
事件：集體脅迫致使中士以電線自縊身亡

小杰的叔叔是政戰軍官退役，自稱曾經策動過「鐵路運動」（按：一九八八年五月一日，台灣鐵路管理局司機員發動史上最大規模罷工事件），也是前國防部長湯曜明的人馬。言下之意，應是相當適合出面與軍方協調善後的人選。

七月十一日這一天，黃媽媽接到小杰叔叔的來電後，依照自己設定的標準作業程序，請對方傳真陳情委託書，同時立即電知空軍作戰司令部，獲得軍方願意全力協助家屬善後的承諾。

事隔幾天，小叔又來了通電話，口氣和火氣大得讓人招架不住。

「為什麼有軍方人員打電話給我大哥？還要求家屬配合黃媽媽低調處理小杰自殺案件？我不會放過軍方的，我會將屍體帶到國防部前抗議，要求國家賠償。我也會找很多單位來壓制軍方，一切事情現在由我自己處理。」

電話那頭的小叔強調軍方必須立即懲處失職人員，並以因公撫卹（非「自裁死亡」）賠償家屬；同時也質疑黃媽媽虛有其表、一點都不了解軍方，又不願意接受別人幫忙，才會搞到現在什麼事都處理不好。這樣罵也就算了，他還主動向黃媽媽提出要求，希望在「軍中人權促進會」出任顧問一職。

認識黃媽媽的人都知道，她豈是一盞省油的燈？莫名其妙被激動家屬胡亂罵一頓，黃媽媽根本沒在怕，激動情緒也是說來就來。

「每個案件，我都會當做是自己的孩子一樣認真處理，謝謝你的批評指教；但是從你的態度來看，我想我是無法和家屬合作處理事情的；我有做人做事的原則，等一下就會打電話告知空軍，即刻起我退出此案。還有，軍中人權促進會不需任何顧問，就算要找，也不會找你！」

不等家屬反應，黃媽媽當下掛掉電話；心一橫，又拿起電話打進空軍總部表明從此退出此案，由軍方自行與家屬協調。

□

八月廿日，小杰服役身亡後四十二天，後續賠償談判觸礁，幾乎毫無進展。小杰父親在一位老同事，恰巧也是黃媽媽遠在花蓮老家的鄰居牽線聯繫下，終於有機會親自打了通電話給黃媽媽。

「黃媽媽，我兒子小杰在外島被欺負，最後被人發現只穿了短褲上吊自殺。我覺得整起事件非常可疑，我們懷疑小杰是被謀殺的，請您大人大量，出面為我們主持公道。」

回想起一個月前和小杰叔叔的交手經驗，黃媽媽按捺著情緒，仍不免在電話上發發牢騷，直批小杰叔叔太過情緒化、態度傲慢自大，是個完全無法溝通協調的家屬。

「所以，除非他退出協調，否則我不會再介入。」

五天之後，黃媽媽二度接下小杰家屬陳情案，這次陳情委託人換成小杰的父親。

小杰為人誠懇、樂觀和善，休假回家時總會帶些外地名產分給附近鄰居。小杰父親說，小杰從小就算受了委屈也都會試著忍耐；死前一個星期休假返家並沒有發現任何異狀，因此，突然被告知小杰在外島身亡消息時，家人難以置信，也才會合理質疑死因不單純。

「從小杰留下的遺書及部隊日誌來看，小杰的死根本是部隊有計畫、有預謀，而且是集體脅迫行為所造成；像是剋扣軍餉、言語恐嚇與辱罵、動用私刑、孤立、切斷向外求援管道等等，還不斷處罰他，強迫他寫悔過書留下證據。就連主管心理輔導的政戰系統也不聞不問，讓小杰長期生活在恐懼中精神嚴重耗弱，最終導致崩潰。」

小杰身故五十天後的八月底，黃媽媽帶著家屬和空總重啟協調會，包括空軍總部軍紀監察處長、監察官，空軍作戰管制聯隊政戰主任等人全都到場，家屬方面，除了小杰父母親外，小杰的叔叔也來了。

協調會上小杰父親先是批評南部軍事檢察官在「釐清案情」時，將家屬當作犯人審問，不但不給予家屬吃飯喝水的喘息時間，還以極不友善的態度予以精神上打擊，造成家屬二次傷害。更令家屬無法理解的是，三天兩夜的偵訊過程，軍事檢察官只一味地催促家屬簽認小杰屬自殺案件，卻對於小杰遺書中所提遭受軍中同袍集體脅迫，以及軍方的管教疏失置之不理。

同在會場的小杰叔叔對著出席的軍職人員自然又是毫不留情面狂飆猛批，揚言找軍系立委出面主持公道；沒有意外地，協調會最終不歡而散，家屬與軍方的協調再度陷入膠著。

□

就這樣又過了一個月，時序從夏天走到了秋初的十月。

黃媽媽接到一位在台北地方法院排班計程車司機的電話說，幾天來都看到一對夫妻在國防部門口靜坐抗議，聽說兒子在軍中死了快三個月，後事到現在都還沒有處理妥當，希望可以過去關心一下他們。

心中存著些許狐疑的黃媽媽到國防部門口一看，果然就是小杰的父母親；但長時間向軍方抗爭的結果，兩人身形憔悴、精神不濟。一看到黃媽媽靠近，小杰的父親揮揮手劈頭就說：這裡不用麻煩你了，作勢請黃媽媽走人。

「你們做父母的，想想還在冰庫存放的小杰吧！問題總是要解決的，如果真的不用我幫忙，也不會有人幫你們了！」

黃媽媽冷不防撂下一句狠話，小杰父親態度稍有軟化。當天，國軍官兵權益保障委員會執行長劉森泉接見了小杰的父母。

之後黃媽媽第三度介入協調，除了叮囑家屬秉持「先找真相、再談撫卹」的原則，才有機會站在最有利的位置據理力爭，也希望家屬體悟，若未經重啟調查發現新事證，軍事檢察官已簽定「自殺」的案件根本沒有改判的空間，自然也不要相信軍方常對家屬說「認定因病或者因公死亡都有協調空間」這一類的鬼話。

小杰身故後滿三個月，軍方與家屬的協調終於出現了一位「關鍵人物」，她是小杰的大姑姑。個性溫和的大姑姑逢人總是客客氣氣，一說起話來更像是吹過一陣春風般，讓人心裡無一不舒坦；首先，她便向黃媽媽表達了歉意。坦承因為弟弟（即小杰叔叔）堅持不願提供黃媽媽電話，才會一直無法取得聯繫的管道，讓整個案件一拖再拖，如今只希望盡速解決爭議，圓滿處理小杰後事。

「總算有位願意理性溝通的家屬。」縱使黃媽媽心裡這麼想，但也不敢太過篤定事情就能順利推展。

與家屬針對賠償撫卹金、告別式儀式、大體冰存費用，以及未來小杰骨灰安厝的處所都重新討論並擬出具體訴求後，黃媽媽表示將據此向軍方提出協調，再與姑姑及家屬回報結果；但黃媽媽還夾帶了一個條件：未來任何會議，小杰的叔叔都不得在場。

三天之後，另一場關鍵性的協調會在靜謐的花蓮新城鄉小杰住家召開。與會者共有十人，會議一開始，黃媽媽就成了箭靶……。

一位中校退役的鄰居認為小杰身故後三個多月來，黃媽媽沒有一刻與家屬站在同一陣線，反而像是軍方的外圍組織，遭軍方完全收編；所謂居中協調根本就只是幌子，企圖從中獲取利益。這位退役中校也直指黃國章（黃媽媽兒子）是因為在艦上與同袍打架，才心有不甘跳海自盡。

原本協調會火爆氣氛幾乎已是一觸即發，質疑到兒子國章的死因，黃媽媽再也忍無可忍。當場拿出絕活兒連珠砲般反擊對方：

「身為軍旅前輩，鼓勵小杰從軍，卻又在他死後慫恿家屬不斷北上向國防部抗議，有種為何不站出來？」

「為何就有人只會躲在幕後扮演操弄者的角色？」

「還有人淨出些餿主意，一心只想找立委出面協調，結果一事無成，讓小杰躺了三個月的冰庫。」

「軍中不當管教的習性，難道不是你們這些領取國家俸祿的軍官管教不當、長期縱容積累下的結果嗎？」

現場的每個人頓時陷入沉默，彷彿誰要敢多吭一聲，誰就得負責清掃一地的玻璃。

經過三個多小時臨淵履冰的協調，最終有了結果。

關於小杰的安葬儀式、骨灰安厝、安葬費用、遺體冰存費及安葬費用、授獎褒揚、撫卹金額等事項都達成協議，但小杰身亡的真相依舊不明，仍僅能以「自裁身亡」結案。

空軍作戰管制聯隊表示，小杰平日動作緩慢、不善與人交際，自我期許高，但又未能達到預期目標，才會選擇輕生一途。是否涉及軍中不當管教，願全力配合軍法調查偵辦。

儘管協調有了結果，但小杰父親仍持續向軍法司陳情：

「小杰留下的筆記與遺書內容，證明上級長官三番兩次刁難小杰並逼迫其寫悔過書，更以侮辱口吻喝斥『立刻消失，不想看到你』，足以推定死前曾遭受上級長官藉勢凌虐，自然不能以單純的上吊自殺結案。案發前有同袍目擊小杰正在值勤，但自縊時全身赤裸只著內褲，手掌、腳掌都非常乾淨；案發地點附近並未發現手套或鞋襪，實在無法相信小杰是赤腳走到鋁梯，並以空手在鋁製支架上纏繞電線上吊尋死。」（摘錄自家屬陳情書）

最後雙方協調同意，如司法調查結果「事出有因」，則撫卹金另計；真相調查疏失與行政疏失部分，家屬保留法律追訴權，各方都應尊重司法最終判決。

□

小杰告別式定在十月廿一日（星期四）舉行，黃媽媽和家屬一行人前一天就飛抵外島；小杰大姑姑則帶了一位十八歲的通靈少年同行，主事誦經、招魂等法事。

才踏進殯葬園區，就有工作人員認出了黃媽媽，並且在她耳邊悄悄地說：小杰這孩子很可憐，三個月來都沒有家人陪，晚上工作人員都會看到他縮著身子徘徊在靈桌的桌腳旁，始終不肯離去。至於隨行的通靈少年則向家屬說，告別式的時候出現了一位面貌清秀、身著白袍的女士，小杰緊跟在這位白袍女士的身邊，靜靜地看著大家……。

小杰遺體火化後，圓滿安厝在花蓮吉安軍人公墓。

在處理不同個案時，黃媽媽說，心中都會擬定不同的「策略」；但有些策略想定並非都能獲得家屬的認同或支持，進而讓彼此站在同一陣線。事實上，家屬更常因為不同的理由與堅持和黃媽媽發生齟齬，或是在缺乏互信基礎的情況下，質疑黃媽媽早就與軍方同聲一氣、從中獲取不為外人所知的利益，最後甚至成為家屬攻擊的箭靶。黃媽媽坦言，在眾多案件中，相互猜忌、中傷的個案並不在少數，讓她印象最深刻的就算是這一件……。

第4通

管理不當引發營區內自焚案

「黃媽媽，我的兒子阿良下部隊到聯勤○支部衛生群服役三個月了，但是單位裡的士官、老兵都會欺負他；我們不想把事情鬧大，但妳可以教教我這位做母親的應該怎麼做嗎？」

案發半年前，也就是二○一○年的十一月初，黃媽媽接到一通阿良母親的電話，電話裡強調自己不想把事情搞大，只求孩子平安退伍回家。儘管答應給予協助，但是在「不想把事情鬧大」的前提下，黃媽媽一開始也不知從何處「下手」，只能試著從阿良母親手邊整理的資料，從旁了解部隊幹部的管教方式是否失當。

□

時間：二〇一一年五月
地點：聯勤〇支部衛生群、補給油料庫
事件：第一起營區內自焚案

以現代的用語形容，阿良該算是被爸媽寵到斷手斷腳的「媽寶」。

阿良的父親是位醫生，在北部地區開了一家診所，母親自然是人人稱羨的醫生娘。個子不算太高的阿良，從小就一副天真無邪、懵懂無知的模樣，生活起居都有人跟前跟後照料，他不需要什麼人際關係，只要活在自己的世界裡就好。

不知道什麼時候開始，阿良自成功嶺新訓結束後發配的軍服被調包成一件發霉長斑的，部隊幹部要求他拿回家洗乾淨；正在納悶為何新發配的軍服會有這麼重的霉味時，媽媽在口袋裡發現「陳〇昌」的名條，以及幾根菸蒂。當時阿良向班長反應軍服應該是被人調包，但最後不了了之。

部隊裡的男女士官班長什麼正經事不做，只會聯手起來欺負阿良，淨拿些小事端找他麻煩，沒事就叫他罰站、寫悔過書，或者搬汽油桶跑來跑去；尤其最喜歡拉他出「棉被操」。營區裡的班長或者哪位「學長」看阿良不順眼，當晚寢室內免不了會上演一段「棉被操」，只要摺得不夠好就隨手掀亂摺好的棉被，要求阿良重摺，一直到深夜十二點，學長自己都覺得累了回房就寢，操演才宣告結束。但隔天一早醒來又要繼續「出操」，即便是休假離營前的幾個鐘頭，也不會輕易放過阿良。

幾天前，阿良上哨時頭盔扣子沒扣好，被謝姓女士官發現後，夥同其他班長要求他罰站兩小時，還當著其他新兵的面破口大罵阿良：「你是白目、白痴嗎？」直到一個多小時後，營長發現出面「解圍」，將阿良帶離現場；此時，營長小聲叮囑：你自己要挺住啊。

黃媽媽心想，這位頂著博士頭銜的營長領導統御能力如此的差，絲毫沒有能力做出明快處置，就算阿良沒有被逼瘋，這個營區遲早也會出事。

□

「我很想盡忠職守，每次我也想好好把命令完成，但是我覺得老是被針對。

每個人嘴巴都說要服從，說我們回答聲音不夠大聲；要我服從下去，不如把我殺了吧，我不爽、我不服啦，早就想反抗了。」

「又一個月快過去了，想到要獲得自由還要等兩年又十個月，我就超悶的；在裡面生活不是比能力而是比大聲、比靠北、比老。我想大聲說聲『幹』，然後脫掉軍服在眾人面前說，我不想幹了，最好別在我槍上裝子彈，不然，我的目標不是靶，是你們這群狗。」（「大兵日記」2011.04.26 by 俊榮）

「又是『嚴守紀律、勇敢果決，不容有廢弛敷衍之行爲』這種爛題目，我不想再瞎掰了。軍人有什麼是「眞的」？造假、幹人、打壓、威逼；我相信這個問題只要不記名投票，在我們連上，只要腦子沒燒壞的都會投下認同票。

眞想快點退了，我不想待在這裡了。當初只想找一個可以適當訓練身體的環境，卻來到這種環境，一想到他們只是一群沒事喜歡找碴，還喜歡沒事給人來個下馬威，讓人啞口無言。沒差，反正我們只是兵，只要忍氣吞聲就好了。」

（「大兵日記」2011.05.03 by 俊榮）

□

三個月下來，阿良在軍中並沒有獲得較好的對待。

二〇一一年一月廿四日，農曆春節的前一週，部隊裡傳出掉錢事件。連長喝令誰要膽敢洩漏一點風聲，就禁假三個月；全連弟兄個個噤若寒蟬，阿良更深怕被波及，趕緊打電話回家向媽媽求助，希望父母儘快想點辦法將他調到別的單位去。

然而，阿良非但沒有調整單位，就連原本不動聲色的一位女性副連長也加入戰局，當面對阿良母親說：

「妳到處找人幫忙有什麼用？把事情鬧大有什麼好處？部隊一樣自己運作，並沒有任何人因此被處分啊！」

幾天後，阿良的外套又被調換成一件又髒又舊的。阿良的媽媽用手拚命洗刷了三次，連破洞的地方也都一針一線縫妥了，卻還是被被刁難沒洗乾淨，要求重洗。又有一次，在出勤務搬運汽油桶等器材設備時，一位女士官班長大聲對著阿良叫囂。

「搬不動嗎？你到底是不是男人啊？要不要我叫你女人算了！」

「你知不知道大家都很討厭你？就因為你常打電話回家。」

「你父母親可以不要情緒化嗎，幹嘛什麼事都找黃媽媽撐腰？」

「為何一直打電話給父母，難道不能向幹部反應？」

「不要什麼事都向家裡說，你難道不能忍耐嗎？」

「你為什麼擅自脫離掌握？你就是要我對你不爽，要我對你發飆，是嗎？」

「我帶五千個兵，但我只認識一個人，那就是你，因為只有一個人去找黃媽媽，那就是你。」

就因為三天兩頭被幹部辱罵，導致阿良頻頻向家裡尋求奧援，他與單位間的關係終成一種惡性循環，自己更成為幹部們的眼中釘。原本傳出營部可望讓阿良調到桃園營區擔任行政工作，但黃媽媽心裡想的是：遇到領導統御能力差的幹部，又碰到為了安撫孩子的不安，不斷向部隊提出要求的父母，無論阿良最終被調到哪裡，都得學著重新遵守軍中紀律與適應群體生活，否則，類似適應不良，又或者軍中不當管教的問題只會層出不窮。

□

「什麼是『堅持到底恆心才能征服一切』？只要有恆心演好這部假資料大作戰，就應該可以平平安安退伍，沉著，忍耐吧，每天有人來拉正眞的做錯的被拉正就要認命，因爲我們菜所以要忍，什麼是忍呢？就拿把刀架在心臟上面。

眞是夠可悲了，不知我是招誰惹誰，明明很氣卻只能沉默。算了，不管有多幹都不能跟人家解釋，因爲他們是大官戴著一張虛僞的面具，當下要是回他一句話就會被解讀成你不尊重上級、頂撞上級。不用解釋了，解釋要是有用，這世界就不會有這麼多誤會了。」（「大兵日記」2011.05.10 by 俊榮）

「我或許不再僞裝我的熱情，得罪了不少人，印象也一天比一天糟；說我擺爛，有這回事嗎？我只是比較愛做誠實的自己，誠實沒有錯，我不會再催眠自己。無論做多做少，只要一時疏忽，一點小毛皮可以決定做多少付出。

說實在這種帶兵不帶心的爛環境，我已經沒有什麼意願再待了。寫了這麼多眞正心聲，我也只是寫在簿子，沒有給家人和高層長官知道。其實，我只是想寫出眞正的感受，記得這些怨和恥。部隊根本就不是招募人員所講得那麼好，只是我們連上眞的看不到長官肯眞心爲兵好，只有申訴才可以改善，我們連上解散再重編吧。這個『問題連』把所有問題人物分開，把製造不團結的人分散，或許是個不錯的政策。」（「大兵日記」2011.05.17 by 俊榮）

□

「黃媽媽，班長在營區裡到處罵人，裡面的人都很可憐；而且，他（她）們憑什麼當著全連弟兄的面這樣羞辱我？我快要發瘋了啦！」一天傍晚，躲在營區某個角落偷偷打電話的阿良情緒幾近失控。

「你現在是在跟我說話，請注意自己的口氣。」黃媽媽沒好氣地回應。

「怎樣，我現在就是這樣的情緒！」

「你的情緒關我屁事！」

「幹！」阿良罵出一個粗字之後把電話掛了。

氣歸氣，電話掛斷之後黃媽媽心頭七上八下，深怕阿良今晚就會出事。黃媽媽緊急約了阿良父母花一個多鐘頭的車程殺到營區「興師問罪」。

部隊指揮官向一行人表示，阿良在晚餐後擅自脫離團隊、脫離部隊掌握，班長確實唸了他幾句，也有違規紀錄可以證明，但不代表就真的會懲處。

知道阿良平安無事，黃媽媽放下了心中的大石。

「你們怎麼一直在棉被上作文章？部隊裡難道沒有別的事好要求嗎？部隊弟兄反應皮鞋不管怎麼擦都不及格，幹部動不動就扣點、扣假禁足。阿良媽媽還拿去給專門擦皮鞋的師傅處理，帶回部隊檢查一樣不及格，被打了一個大大的X。今天挑剔鞋面不乾淨、光亮，明天就刁難鞋底沒有上油打蠟。」

「這個單位我記住了，風氣實在有夠差的，你們知道家長和役男都處在恐懼之中嗎？我實在沒有太充分的理由認同軍方、支持這個部隊。」

確實，部隊裡的弟兄私下都希望黃媽媽持續盯緊部隊幹部，千萬不要鬆手，不然，他們肯定會變本加厲。

五月中的某一天，一位女士官班長以「業務疏失」為由，命令阿良接下來的四天都必須全副武裝跑操場做為處分；沒有意外地，阿良又偷偷打電話回家哭訴，同時也心想：這種折磨要如何能撐得過去？全副武裝罰跑的第一天，阿良才跑沒多久，工具間就猛然竄出一團火球。

□

傍晚時分，一團火球從工具間猛然竄出，大家見狀趕緊滅火，但仍造成俊榮全身百分之六十，二至三度的灼傷……。

因為支援參加「核安十七號演習」獲得指揮部給予兩天榮譽假的俊榮，據說是在休假前因為外出買飲料給同事喝，遭單位裡一位士兵檢舉，因此被班長要求寫「糾舉單」，原本應該一八〇〇的休假，當下立刻改至隔天〇八〇〇才准離營。不但如此，另一名女性士官也當眾飆罵，極盡刁難並揚言記點扣假；再也壓抑不住內心高張情緒的俊榮，將大背包置放地上後，便拐進工具油料間拿出五加侖的割草機油料點火自焚。

事後協助滅火的弟兄表示，當時俊榮仍然大聲喊著：「我要簽退，我現在就要退志願役。」

「黃媽媽，我弟弟不是軍方說的那樣。弟弟去年曾經向一位女性副連長檢控單位『鑑測成績』造假，之後不但沒有下文，還處處受到不當的管教；受不了軍中幹部的欺壓、羞辱，家人在半年前已經同意簽署離退志願役申請表，部隊遲遲不肯辦理。

部隊長官對家人說，如果事情不曝光，俊榮救活的話，就會照顧他下半輩子；但如果曝光，軍方就只能依規定照顧三年，無法給予終身理賠。」

俊榮的哥哥在電話裡請求黃媽媽協助，也提到俊榮已經存了四萬元，只要下個月薪水領到之後就存足「志願役退場賠償金」。

因為阿良父母的陳情，讓黃媽媽在八個月前就開始注意這個單位，當初就覺得這個單位的主官無能管理，領導幹部個個一副尾大不掉、天王老子誰都不怕的囂張姿態，每次想要介入協調處理都只能悻悻然，讓人完全沒輒。

黃媽媽記得曾經為此大罵指揮官：「你們常說士兵如子弟，在我看榮譽是個屁；根本不是士兵能力差，而是幹部沒有能力教兵帶兵，如果單位出事一定跟○支部開戰、跟你們沒完沒了。」

沒想到出事的不是阿良，而是同單位的俊榮。

□

俊榮自焚後的第六天，軍事檢察署才會同憲兵刑事鑑識中心前往蒐證，但現場凌亂到已採集不到任何有效指紋，連俊榮潑灑汽油的痕跡都找不到。黃媽懷疑有人早一步湮滅所有跡證，也質疑軍方企圖隱瞞事實，否則為何不在案發後立即報案，請檢調介入調查？

隔天家屬仍覺事有蹊蹺，在擔任消防勤務友人的建議下，再度要求進入營區希望釐清案情；最後在營區主任、監察官、保防官、營長、連長等人的陪同勘查下，除了發現遭熏黑的天花板外，其相對位置的下方地板依舊未尋獲任何殘跡。

「黃媽媽，阿良說營區裡面的小朋友全部都想向您致敬，希望您不要放棄調查、不要放棄營區內的士兵。」

阿良的媽媽在電話裡對黃媽媽這麼說，黃媽媽又好氣又好笑，難不成役男現在是被關在慘無人道的「鐵幕」裡嗎？

自焚後一個星期，俊榮始終昏迷不醒，院方評估情況不算太樂觀。黃媽媽提醒俊榮的哥哥隨身準備一支錄音筆，等俊榮一清醒，就要問清楚事情究竟怎麼發生的。

五月的最後一天，黃媽媽主動詢問起俊榮狀況，哥哥平靜地說：弟弟昨天早上七點多已經走了，我們在處理後事……。

俊榮自焚身亡的消息引發立委以及媒體的關注。

六月初，北區軍事檢察署主任檢察官、憲兵調查組，以及俊榮的父母、兄姐全都回到營區重建現場。被弟兄封為「女魔頭」的女士官被訊問後請回，但她拖著傲慢錯落的腳步、一副趾高氣昂的模樣是黃媽媽怎麼樣都忘不了的。

「從她臉上根本看不出一點悔意、愧疚，真是能有多恨，心裡就有多恨。想想死者的尊嚴在哪裡？軍方拿什麼賠家屬？我如果能出手打人，真的會出手了。」

六月廿七日俊榮出殯，因為找不到有力事證，最後的死因仍被認定是自我傷害，並非因公傷亡。三天之後的六月卅日，阿良（這八個多月來，讓黃媽媽繃緊神經關切的個案）在營區內度過最後一個平安夜後順利退伍，並順利找到一份電腦動畫的工作。事隔多日，黃媽媽手機傳來熟悉的號碼，是阿良母親打來的：

「黃媽媽，阿良謝謝你的照顧，他的抗壓性變強了；他說，當兵期間的磨練對他還是有所幫助的……。」

※

這是一樁令黃媽媽「想到就有氣」的案子。

「現在一想起來還是覺得這個單位非常可惡，根本就是無法無天。」

黃媽媽口中「無法無天」的單位指的就是「聯勤第〇地區支援指揮部」（註）。這麼多年來，她到各軍種單位協處時，總會一提再提聯勤「〇支部」男女士官集體不當管教、言語霸凌、老兵欺負新兵等「戕害軍中人權」的案例。彷彿這已經成為一個活教案——對於一位有高層護航的女士官不當管教行為始終視而不見，反倒讓士官幹部管理作為更加肆無忌憚；在毫無積極處置的情況下，單位主官、主管形同是自焚案最直接的幫凶。

註、「聯勤第〇地區支援指揮部」下轄補給油料、聯合保修、運輸、衛生勤務、彈藥等。二〇一二年十二月廿八日，因應國防部「精粹案」組織調整，原聯勤司令部併入陸軍司令部，整編為「陸軍後勤指揮部」。

第5通 士兵垃圾袋套頭自裁引發民代搶食案

二〇〇一年四月初的某個下午，李姓電機二兵執勤時在機房發現智彥以塑膠垃圾袋套住頭部，脖子上有透明膠帶纏繞，已經氣絕多時。

因為一直懷疑兒子的死因，智彥的母親堅持解剖屍體，但解剖報告清楚寫著「直接引起死亡原因：窒息；引起死因之因素：塑膠袋套頭」。

智彥身亡後的兩個月，六月十一日上午黃媽媽接到申訴案件的電話。

「黃媽媽，我兒子死前一直說因爲沒有人可以幫忙解決，所以只好自己解決，他根本是被逼到一心求死。艦上幹部原本說會以因公死亡撫卹家屬，現在卻以自裁結案，這根本是在欺騙家屬。」

□

時間：二〇〇一年四月八日

地點：海軍左營軍港中肇艦

事件：士兵以垃圾袋套頭自裁案

二〇〇一年四月初，分發艦上服役五個多月的智彥休假逾期兩天未歸，經過士官兵一番動員之後，終於在左營軍港附近尋獲，不過，無論如何規勸，智彥怎麼樣都不願意再回艦上。

部隊幹部找來智彥父母一起好說歹說，智彥才吞吞吐吐向艦上輔導長透露，呂姓輪機官管控休假方式至為霸道、不盡人情；不少士兵私下抱怨，輪機官多次對士兵惡言相向，導致艦上士兵心理壓力過大、民怨沸騰，但輪機官的態度卻是：

「你們都給我搞清楚，我就是地下艦長，船開得動開不動都要看我，你們如果有什麼不滿大可以去向上頭申訴，我是不會怕的！」

家人這才得知智彥在部隊的處境，心中很是不忍，於是希望艦上長官通融，讓智彥回家休息幾天，待情緒穩定之後再行歸隊。輔導長為了讓家屬放寬心，承諾接下來幾天都不會安排智彥執行勤務，也會儘速安排艦上心理輔導官約談智彥，聽聽智彥的苦衷，讓他安心服役。

全程在一旁側聽的智彥自知無人可以做主，怕從此就要被強制留置在艦上哪裡都去不了，於是在一旁嘟囔著：「既然你們都不能解決我的問題，看來我只好自己解決。」

智彥母親向黃媽媽哭訴，艦上長官明明答應家屬不會強行指派勤務給已列為高危險群個案的智彥，並且還會帶他去做心理輔導，但為何最後卻說一套做一套？不但不予關照，反而讓萌生自殺念頭的他單獨行動。

「黃媽媽，我這孩子簡直是部隊逼死的，一條人命不能就這樣算了，部隊長官該負行政疏失的責任，因此，必須以行政疏失、因公死亡折算賠償金；而且L委員也認為我們家屬提出五百萬賠償金非常合理，一點都不過分。」

電話這頭的黃媽媽聽著聽著心裡突然一沉，原來已經有立委介入了。

其實，早在四月九日，也就是智彥尋短的隔天，S委員助理就向軍方釋出訊息，要求盡一切可能給予家屬優厚撫卹；四月十三日，W委員也透過國防部國會聯絡辦公室向軍方表達嚴正關切，要求軍方從優撫卹。算一算，L委員是接觸本案的第三位立委。

五月廿二日，軍方邀請家屬協調智彥公祭日期時，智彥的母親明確表示部隊必須先將智彥的身故提報為「因公撫卹」後再談公祭，否則不會與軍方進一步洽談，語末也預告幾天後就會有一位重量級的L委員和軍方聯繫，如果軍方不願意依照條件和解，不排除召開記者會公布艦上老兵欺負新兵的事。

由於雙方在撫卹金額上僵持不下，家屬拒絕智彥就此草率下葬，因此一直將遺體冰存於國軍八〇二醫院。

□

「黃媽媽，和軍方談判要怎樣才會成功？妳當初是怎麼做到的，現在怎麼可以輕易進出國軍那麼多單位？對了，妳告訴我，妳兒子落海最後總共拿了多少撫卹？」

智彥母親透過電話，希望黃媽媽不要藏私，多少傳授一些和軍方斡旋的技巧，也要求提供當年和軍方協調「黃國章案」撫卹的幾種方案，讓自己可以參考，看是否用得上；

又或者黃媽媽願意動用個人和國防部高層的關係向海軍施壓，一切只要比照國章案的條件辦理智彥的後續撫卹就好。

這是出於什麼樣的心態？

失去兒子的母親在電話裡三番兩次要求提高撫卹額度，但兒子死亡背後的真相是什麼？艦上管教是否真的出了問題？其他艦上兄弟是否也面臨相同的困境？又或者將來還會不會有另一個智彥？這都不是電話那一頭的陳情母親所關切的。更何況，六年前黃國章之所以落海是遭部隊幹部凌虐致死後棄屍，和智彥的自裁死亡根本不能相提並論。

「從頭至尾，我只聽到妳要錢、要錢，到現在不願讓智彥的遺體下葬也是因為要錢；我很不客氣地說，我覺得妳該搞清楚的是兒子生前到底受了什麼冤屈，而不是像在肉攤買賣那樣稱斤論兩的出價。在沒有其他事證改變智彥『自裁』的事實，我是沒有能力幫你爭取高額撫卹金，這也不是我接受妳陳情的目的，所以妳另請高明，或者繼續找其他有力人士介入吧！」

這一通電話你來我往講了兩個多小時，掛斷電話後，黃媽媽覺得智彥的案子不值得投注過多心力，她決定不再與家屬會面，也不會以任何形式插手這個案件。當晚，黃媽媽一個字一個字繕打好所有陳情的資料與細節並轉交給國防部，希望部隊正視之餘也該拿出具體防處，並且嚴格檢討、負起該負的責任。

如家屬預先告知的，L委員在六月十三日親自主持協調會，會上智彥家屬要求五百萬的撫卹金，底線則是四百萬；在協調未果的情況下又降到三百萬；L委員索性大筆一揮，提出包含出殯等喪葬費用共二百五十萬的金額，然而，軍方仍因為「於法無據」礙難照辦，只好之後再行召開協調會解決。

相信，你對於賠償金額到底是多少也十分感到興趣吧？

「不知道！我說過不會再插手了。反正那些立委自以為喊水會結凍，他們出面處理也許會比較有用吧。更何況，再多的賠償金額都換不回兒子的一條命，不是嗎？」

就算手邊還留有智彥母親的電話，就算如何慫恿她打個電話問問近況，黃媽媽仍然非常固執地拒絕了，一點都不想追問。

往來於台、澎、金、馬、東引等地，負責國軍本島及離島防區軍需、民生物資運補，是海軍「中字號」登陸艦的任務；投入台灣防衛作戰及運補五十五年的「中肇艦」於二〇一〇年十二月底正式除役。

當年的 L 委員至今仍然活躍於政壇，前途一片大好。

※

「拿著孩子的遺體到檯面上稱斤論兩，這種做法我實在無法苟同。」

協處這麼多案件，黃媽媽歸納出一個共通點：民代總會在「適當時機」介入。當家屬無計可施、走投無路時，自然都會想辦法透過關係（最常的是牽上地方樁腳）找立委幫忙：只要能協調出個名堂，兩、三個民代同時介入關切也不嫌多。一旦民意代表介入處理，就能以「監督」的立場迫使軍方繃緊神經，非但在善後撫卹上不敢稍有差池，態度上更不敢對家屬造次或置之不理；另一方面，接到申訴案件的立委多半也會盡其所能向軍方施壓爭取最高金額撫卹，不致「辜負」家屬期待。

真正讓黃媽媽在意的是：民意代表的介入確實有助軍方正視問題，但多數民代的作為只是藉由搞臭軍方形象，提升自己知名度，到頭來造成單位與役男家屬間更大的誤會與嫌隙，彼此又回到「喊價」的輪迴；案件的真相原委如何？軍中不當管教能否藉由個案發生徹底檢討？恐怕沒有人真正在乎了。

第6通
內部管理不當縱容質借簽貸案

二〇〇八一月十三日，黃媽媽接到一位母親的來電，除了細數軍中幹部如何「對待」兒子外，也提及遭人構陷簽下本票的經過。她是阿嘉的媽媽。

「阿嘉確實有兩次逾假歸營的紀錄，但之前部隊排長和輔導長強逼阿嘉簽下本票也是事實；部隊裡不當借貸、簽本票的風氣很盛。原本監察官還告訴我們不會有什麼事，結果短短一個月之內，阿嘉累計了四支大過，現在竟然還要被迫勒令退伍（志願役）。」

□

時間：二〇〇八年一月
地點：東部空軍防砲〇〇部隊
事件：縱容部屬不當質借、出入聲色場所

時間回到二〇〇七年九月廿日，「同慶操演」在新竹湖口營區登場，東部空軍防砲部隊服志願役的阿嘉奉命前往支援，支援開始沒多久就發生「逾時歸營」的事件。四天後的一個夜晚，一位葉姓上士學長（志願役）強拉著阿嘉「不假離營」，口口聲聲說要逃兵，出了營區後立刻拿出一罐不明飲料誘使阿嘉喝下；沒有多久，阿嘉便陷入昏睡。

趁著阿嘉熟睡之際，葉姓上士私自盜取阿嘉身分證，連同其所駕駛的汽車向不法機構質押借貸；直到隔天早上，阿嘉才被家人在台中縣太平鄉（台中縣尚未改制）的路邊找回，當時他才剛恢復意識，神志不清形同遭人迷幻挾持脅迫。阿嘉媽媽覺得事有蹊蹺，帶阿嘉回部隊時主動要求驗血、驗尿，看看眼前這位反應遲鈍又語無倫次的兒子是否吸食毒品，或遭人投藥。不過，營隊幹部及前來調查的旅部監察官不以為意，並未依要求在第一時間檢驗，錯失掌握證據的機會。兩個月後，遭監察單位調查的阿嘉被記兩大過最嚴厲處分，始作俑者的葉姓上士卻全身而退。

阿嘉不僅疑似遭學長投藥後惹下債務糾紛，二〇〇七年六月間，連上一位吳姓弟兄也曾主動約邀，帶著阿嘉到台東市、鹿野以及高雄等地有女侍陪酒的「小吃部」喝花酒，三次下來共花費四萬元；之後吳姓弟兄反悔請客，還反過頭來向幹部投訴阿嘉借錢不還。中尉連輔導長聞訊後態度積極、主動居中協調，要求阿嘉在薪餉發放後立即先行返還現金一萬元，剩下的餘款就以簽本票方式攤還。

「簽本票攤還？哪裡來的本票？」阿嘉當下還沒有回過神，只見林姓中尉排長已經從抽屜拿出空白本票，要求阿嘉分別簽下一萬四千元、九千元兩張金額的本票。總計這三頓飯下來，阿嘉得付三萬三千元。

聽到幹部這樣的「處置」，阿嘉媽媽覺得簡直荒唐至極，令人無法置信，立刻到部隊返還兩萬三千元的現金並取回本票。更令阿嘉和家人訝異和不解的是，原本輔導長和排長也都聲稱只要還錢就不會追究責任，沒想到五個月後，阿嘉又被了一個記大過懲處，而吳姓弟兄同樣安然無事。

□

雖然不確定自己在這個案子能處理到什麼程度，但黃媽媽早就耳聞這個「天高皇帝遠」的部隊軍紀渙散，或許趁這個機會整頓一下也好。

一月下旬，黃媽媽向國防部反應空軍防砲部隊為所欲為的心態實在不可取，國防部則允諾介入調查，但也希望待在部隊裡的阿嘉協助國防部進行反情報「蒐證」，針對部隊幹部展開調查。

接手處理阿嘉的案子沒多久，黃媽媽漸漸發覺阿嘉也不是盞省油的燈；不但三天兩頭出狀況，還時常編故事、找機會離營、蹺班。

二月初的某一天阿嘉逾假未歸，他向幹部請假的原因寫的竟然是「黃媽媽找我去營區外談話」。黃媽媽得知消息後勃然大怒，一方面因為助人的熱心竟被小兵利用，一方面也氣軍中幹部個個死腦筋不知求證；更何況以她一貫的行事作風都會親自致電向軍方借人，不可能連一聲招呼都不打。

一去不復返的阿嘉拒接任何電話，沒有人知道他藏身何處、意欲為何。這時黃媽媽的電話被接通了。阿嘉自稱參拜王母娘娘之後便在花蓮勝安宮廣場逗留，黃媽媽趕緊騎車尋人卻撲了空；原來阿嘉早先一步離開，之後索性連黃媽媽的電話也不接聽了。

「你的兒子一騙再騙，今天如果不讓我打他幾個巴掌，我氣很難消，以後也別再找我幫忙了；現在全世界的人都在幫他，他居然敢這樣欺騙大家。」

在阿嘉媽媽默許下，黃媽媽狠狠甩了阿嘉一個耳光。

接下來的日子，國防部東部地方軍事法院檢察署大規模著手調查營區內幹部喝花酒、不當借貸，甚至逼迫下屬簽本票的案情；包括林姓中尉排長在內的幾位志願役幹部聞風「自動」申請退役。

國軍在處理部隊風紀問題就已經夠焦頭爛額，但阿嘉搞出的事端還真是層出不窮。為了對外聯繫，這段期間阿嘉曾向部隊上的王姓弟兄借用行動電話，卻擅自竊取手機內王姓弟兄女友的聯絡資訊，之後甚至佯裝起王姓弟兄身分和「女友」聊天；一個多月的「電話交往」時間裡，「女友」只覺異狀並未詳查，最終還導致女友通話費用高達一萬兩千多元（期間「女友」出國衍生出驚人的國際漫遊費），就連阿嘉自己兩千多元的通話費，也誆騙「女友」代為繳交。

阿嘉的行徑涉及刑法第三一五條「妨害秘密罪」及三三九條「詐欺罪」，王姓弟兄原本也想一狀告上法院，但阿嘉不想再惹事端，就地請求和解並提出七萬元賠償金，承諾每個月攤還兩萬。協議過後一個月，阿嘉未依約匯款，王姓弟兄立刻寄發存證信函下達最後通牒，整件事情才曝了光，阿嘉媽媽又趕緊出面哀求，並一筆還清所有債務。

之後，阿嘉又涉及參加老鼠會直銷、竊盜、不假離營等諸多軍紀問題遭認定「不適服現役」，依《志願士兵不適服現役賠償辦法》須賠償國庫一百多萬，並停止服志願役，重新分發至左營軍港擔任艦艇兵改服義務役。

原以為此案總算可以告一段落，黃媽媽卻在兩個月後又接到家屬來電：阿嘉逃兵了。

□

八月初，阿嘉因為沉迷於網路援交向家中高齡阿嬤誆騙「救命錢」六千元，結果拿了錢、轉個身，先跑去印刷店印製阿嬤的訃聞，之後又哭喪著臉向部隊一口氣請了十天喪。

這十天阿嘉音訊全無，形同人間蒸發；部隊准假讓阿嘉放心處理阿嬤的喪事，至於家屬更覺放心，因為「沒消息就是好消息」，想必阿嘉在新單位裡適應良好。像鳥兒般自由自在的生活總是會有結束的一天，喪假結束後第二天，阿嘉依舊受不了部隊裡的約束，便翻牆負傷當起逃兵，卻也隨即遭中部軍事法院檢察署發布通緝。經軍方和家屬聯繫溝通後才恍然大悟，這半個月來，大家全被阿嘉給騙了。

逃兵的期間，阿嘉一樣不和任何人接觸，除了女友；家人於是串通阿嘉的女友，由她出面當誘餌約阿嘉見面。為避人耳目，阿嘉只選擇在夜間出沒，一天晚上他開車前往赴約，才剛靠近就驚覺不太對勁兒，立刻又以超過一百公里的時速在彰化和美鎮上狂飆企圖「突圍」，和參與「緝捕」的親友、家人展開亡命般的追逐，最後因為車速太快轉彎失控自撞路旁變電箱動彈不得。阿嘉的爸爸、弟弟和友人此時一擁而上，不由分說手持棍棒就是一陣毒打。此一逃兵自撞的重大社會事件，一度讓外界以為是「軍人積欠債務遭黑道尋仇狠心毒打企圖致死」，被在地媒體爭相報導。

阿嘉再一次遭憲、警移送軍事法院檢察署偵辦，罄竹難書的罪狀又添上一筆。

儘管改服義務役後的阿嘉所作所為與軍中人權並無關聯，但狀況百出的荒誕行徑讓部隊背上「軍紀渙散」的罪名；不僅黃媽媽向家屬表達愛莫能助，面對自己兒子頻頻脫序的行為，阿嘉父母也無臉再和黃媽媽聯繫。

※

部隊裡長久以來的「染缸文化」使得內部弊端叢生、積習難改；像是「吃兵、拿兵」、「喝花酒拗菜鳥付錢」、「不當質借」、「找兵頂罪」等在軍中早已屢見不鮮。尤其是一些自以為「天高皇帝遠」的部隊，幹部管理失職、帶頭沉淪，導致管理鬆散、軍紀渙散。原本黃媽媽對阿嘉的遭遇寄予同情，只不過，他卻經常以小聰明一再行騙，捅出不少簍子，讓部隊十分頭痛不說，其他同袍也避之唯恐不及。

「如果再不把弊端揪出來，這些單位就真的是爛到骨子裡了。」

第7通 士官遭士兵暴行犯上案

這一天，黃媽媽接到一位自稱「何媽媽」的來電，氣若游絲的聲音，不仔細聽，還真聽不清楚對方在咕噥什麼。

「黃媽媽您好。其實，我早就想找您談小何在軍中的遭遇，不過家人都說現在詐騙案猖獗，不要隨便相信陌生人，到時不但幫不上忙，還可能被詐騙款項；但我在觀世音菩薩佛像前擲筊六、七次，全都是聖筊，才決定打這通電話請黃媽媽幫忙……。」

□

時間：二〇〇三年六月

地點：聯勤作戰司令部

事件：士官遭士兵暴行犯上案

一個星期之前的六月十四日凌晨，下士班長小何下衛哨後並未循既有路徑返回寢室，反而繞行相反方向至廚房走廊，不意遭一群埋伏的伙房兵毆打成腦震盪。部隊當下並未立刻送醫治療，甚至希望家屬不要對外公開任何案情，交給單位自行處理；如果處理不當，會再適時向上呈報裁處。

之後，上校指揮官相當有誠意地到家中訪視並詢問家屬希望如何處理？家裡開中藥店的何媽媽心想，只要小何平安無事，願意配合軍方內部管理及處置。但沒想到，指揮官順勢要求：「家屬若願意配合，就請小何千萬別對外提起『筆錄後半段』的事。」

「筆錄後半段」指的是：遭其他士兵以皮帶綑綁、用菸蒂灼燙、夾生殖器施虐。

□

幾天後，單位連長來電告知將安排施虐士兵家長與小何家屬面談，何媽媽則要求司令和參謀主任都必須在場。經過廿多分鐘的連繫，連長回電以「軍方不得介入私人談判」為由拒絕何媽媽的要求，並且告知家屬，施虐士兵是因為小何多次偷竊廚房飲料，令伙房兵不堪其擾，才會躲在走廊旁守株待免抓凶手；如果何家仍然堅持要將受虐事實全盤托出，那麼部隊也不排除依《陸海空軍刑法》中「竊取或侵占軍用物品」罪，針對小何偷飲料的行為做出軍法處置。

由於，士兵「暴行犯上」觸犯《陸海空軍刑法》（註），因此部隊幹部已將幾位施暴士兵關禁閉，等待監察處調查後移送軍法；但部隊連長也提醒小何「走路要小心，以後離伙房遠一點」。

電話裡，何媽媽質疑部隊的態度形同另一種恐嚇，讓家屬都不知該如何面對。

「何太太，不必太過擔心。士兵暴行犯上罪不但觸犯軍法，也是公訴罪；對方必須跟你們取得和解才有機會減輕刑責。」

黃媽媽叮嚀著。

六月下旬的某天，小何與媽媽一起拜訪黃媽媽。黃媽媽一開口就對小何說：「這個案子涉及暴行犯上，施暴的伙房兵都會被移送軍法；反而是你，你有偷竊嗎？千萬要據實以告，不得隱瞞。」

當著黃媽媽的面，小何清楚仔細地說著：「我沒有偷竊。事發當時，戰情中心主任叫人帶我去驗傷，而連上的每位長官則都希望事情就此打住，不要再鬧大。」

一旁的何媽媽則補充，六月廿四日下午，部隊輔導長曾打電話到家裡：「如果施暴的士兵被判無罪，家屬服不服？你們要知道，現在部隊也正在調查小何偷竊部隊飲品涉嫌重大。」

黃媽媽認為：士兵集體公然暴行犯上是公訴罪，只有刑責輕重、沒有無罪的問題。部隊幹部的說法若不是經驗能力不足，就是希望拿「偵辦小何偷竊犯案」迫使家屬放棄追究。

「週三晚上收假歸隊時，何太太妳帶著小何回部隊，當面要求保護同為幹部的下士班長人身安全，一旦監察官製作筆錄時，務必須通知妳到場。同時，也記得詢問幹部，案發後小何有嘔吐、頭暈反應，為何沒有立即安排就醫，以致身體狀況極為不穩定？直到六月廿三日到耕莘醫院診斷，才知道竟然有腦震盪現象！萬一腦部有什麼後遺症，誰該負責？」

黃媽媽則早先一步將所有資料、軍中人權促進會委託書函寄給當時聯勤司令高華柱查察。

兩天後，六月廿六日上午，軍務署長、張姓政戰副主任、國會聯絡人一行人主動拜訪黃媽媽說明事件處理原委。原來，高華柱在接到黃媽媽寄出的資料後，立刻指示全案由政戰副主任處理，監察處調查完畢並簽送法律事務組後，移送軍事檢察署以軍法偵辦。

來訪的軍方代表也強調：案發後第二天指揮官就將犯案士兵施以禁閉處分，並派員帶小何到醫院作身體檢查；當時，指揮官還希望將小何調任指揮部，但未獲得家屬同意。希望黃媽媽陪同前往何家說明，往後也會定時向黃媽媽及何家人做案情進度報告。

二〇〇三年六月廿五日，全案移送國防部北部地方軍事法院軍事檢察署。六月廿七日，部隊指揮官來電：

「黃媽媽，謝謝您的出面協調，軍方和小何家屬才有機會說上話。但因為幾位暴行犯上士兵禁閉結束，所有家長也都會到指揮部，希望黃媽媽能再次幫忙居間協調，讓何家人接受道歉達成和解，減輕士兵刑責，否則這群年輕人一輩子的前途恐怕就會有汙點了。」

□

這一天，部隊心理輔導官將黃媽媽接進指揮部。

在場除了指揮官之外，還有暴行犯上的涉案士兵及家屬。其中曾姓、劉姓涉案者家屬分別遠從南投、台南北上參與協調，唯獨住在基隆的主要涉案人黃正堅家屬缺席了。

黃媽媽心想：這次的協調會何其重要，如果雙方未達成和解，暴行犯上的罪行確認，這幾位阿兵哥未來在軍中的役期不僅將在牢裡度過，退伍後還將永遠被烙上前科紀錄；此外，黃媽媽也發現個性靜默的正堅頗有悔意，沒有道理在這個時候被放棄。

原來，正堅的父親是位獄吏，叔叔則在道上有些地位。發生施暴事件後，家人都覺得「自己犯錯自己扛，家屬不必到場協調，一切交由軍方處置，該怎麼判就怎麼判」。經過單獨會談了解狀況後，黃媽媽勸正堅還是打個電話回去，向家人道歉，並且傳達現在有人（黃媽媽本人）願意出面協助雙方和解，還是希望家屬出面表示誠意。在等待的空檔，黃媽媽轉身向指揮官表明：「今天無論如何要取得和解，如果正堅家屬真的不來，賠償金額由施虐的三位士兵平均分攤後，正堅的那部分我負責籌措。」

「率性說出口後，我馬上就後悔了；當時我自己都過得不是很好，還真不知道要去哪裡籌錢。」黃媽媽直說這一生都被自己的個性害了。

總算是盼到了施虐者家屬都到齊，彼此也終於達成和解。在出庭的前夕，黃媽媽對正堅面授機宜，畢竟「抓賊未抓贓」且施暴有錯在先，因此希望他在庭上向被害士官小何及家屬誠摯道歉，並一五一十陳述事實經過，絕不可有所欺騙或隱瞞，相信法官會斟酌從輕量刑。但跌破大家眼鏡的是，小何在軍事法庭上翻供，否認和施虐士兵達成和解，也不接受任何賠償。經法官偵訊案情，並由單位出具和解書後，法官仍然認定「和解書」具法律效力，最後判處一干涉嫌人緩刑定讞。

全案判決確定後，小何被調整到其他單位「調療」，除持續接受心理輔導諮詢外，也定期至三軍總醫院回診追蹤；部隊則依約向黃媽媽及小何家屬回報在營狀況。不過，食髓知味的小何開始對軍方予取予求，淨想撿輕鬆的工作不說，還一再要求調到其他單位；經軍方向黃媽媽反應，黃媽媽心一橫說：「你們軍方一切就依法行事吧，不要一直被牽著鼻子走；而我，可以說是仁至義盡了，以後不會再管這個案子，你們也不必向我回報了。」

註、《陸海空軍刑法》

第六十六條

對於上官為暴行脅迫者，依左列各款處斷：

一、敵前，死刑或無期徒刑。

二、其餘，五年以上有期徒刑。

第六十七條

夥黨犯前條之罪者，依左列各款處斷：

一、敵前，首謀死刑；餘眾死刑或無期徒刑。

二、其餘，首謀死刑或無期徒刑；餘眾無期徒刑或七年以上有期徒刑。

第六十八條

對於哨兵為暴行脅迫者，依左列各款處斷：

一、敵前，三年以上、十年以下有期徒刑。

二、其餘，七年以下有期徒刑。

第六十九條

夥黨犯前條之罪者，依左列各款處斷：

一、敵前，首謀無期徒刑；餘眾三年以上、十年以下有期徒刑。

二、其餘，首謀三年以上、十年以下有期徒刑；餘眾一年以上、七年以下有期徒刑。

第8通 回役兵遭懲罰過當凌虐致死案

「黃媽媽，宜蘭明德班一個輔訓生因爲體力不支送醫急救，已經確定死亡了；這是一起幹部凌虐致死案，被弄死的是一個廿出頭的義務役孩子。」

接到部隊裡打來的電話後，黃媽媽當下決定「強力介入」。

一個星期之後，黃媽媽代表家屬進入解剖室全程監看遺體解剖……。

「因為他們都不敢看遺體解剖，所以我取得家屬同意後進入解剖室全程監看；方緒的面容變得非常安詳；我知道，他真的解脫了……。」

黃媽媽紅著眼眶這麼描述著當年的情景。

□

時間：二〇〇二年四月三日

地點：宜蘭明德輔訓班（註）

事件：義務役男遭懲罰過當凌虐致死案

二〇〇一年十二月五日到二〇〇二年二月六日期間，方緒違規紀錄計有：逾時歸營、無故不參加部隊點名、倒垃圾時搭上垃圾車不假外出、欺瞞幹部至國軍花蓮醫院看病，實則結夥打電動、喝酒；甚至還盜取膳勤分隊長官章，私蓋假單擅離營（涉偽造文書）。另外，借酒裝瘋不服告誡、營外積欠通訊行及酒店債務，外宿飯店卻無錢繳付費用遭店家報警處理，嚴重損及軍譽。

經單位召開人評會決議自二月八日起，將幹部眼中罪大惡極的方緒送往宜蘭礁溪明德班輔訓三個月。

□

方緒從小父母離異，由住在桃園縣新屋鄉務農的阿公、阿嬤拉拔長大，和老人家的感情十分密切；在阿嬤中風之後，方緒一直希望有機會回家探望。

移送明德班後，方緒依舊不服管教，也不配合幹部要求的各項訓練及操課，要想回家看看老人家自然難上加難。

四月三日傍晚，包含方緒在內的志明、阿翔、志豪等四人均遭到禁閉處分，處分期間依法仍必須按表操課，但四人在禁閉室內或坐或站、態度閒散，不聽從指令且故意大喊叫囂集體拒絕操課。

> 當晚六點卅分左右，明德班吳建宏主任要求憲兵排弟兄帶著所有手銬到禁閉室集合；但當時只有一副手銬可堪使用，其餘不是鎖死，就是用力扯就能扯開。
>
> 主任說：「你們什麼時候把手銬全部解開，就什麼時候離開；找你們來不是度假的，要過什麼日子你們自己決定。」過了一會兒又說：「你們憲兵是什麼戒護？禁閉生不操課，你們拿他們沒辦法；你們憲兵排來之前，從不曾發生這樣的事。」

葉姓憲兵中尉排長回應：「我們憲兵只負責戒護，不負責禁閉生操課及管教，只有明德班幹部才可以管教及操課。」

吳主任並不理會，手持鐵絲及手銬教戒護憲兵如何銬住四名禁閉生。接著又說：「如果你們想要過好日子，就要聽我的命令。」

——「國軍官兵權益保障委員會調查案件報告書」劉姓憲兵中士副排長

「國防部高等軍事法院檢察署軍事檢察官起訴書」記載：

明德訓練班上校班主任吳建宏令憲兵排官兵（即禁閉室戒護人員）共六人，分別將方緒、志明兩人以頭戴鋼盔、膠盔，雙手鎖繫在隔離室內牆之吊環並鎖上腳鐐，背對背成「大」字型站立。阿翔、志豪則頭戴鋼盔、並將雙手銬在禁閉室鐵門外面對面站立。

晚上七點廿分左右，主任：「入境要隨俗，要整人是很簡單的，要過什麼日子，看你們自己；對付這種社會的人渣，就要用這種方法，不必太仁慈。」

晚上九點，主任又要求我們搬沙包和繩子到會客室後離開，接著親自教葉姓中尉排長如何用鐵絲將沙包綁在身上。

——「國軍官兵權益保障委員會調查案件報告書」劉姓憲兵中士副排長

此時，四人腰間以S腰帶各繫上一袋重達十一公斤的沙包，主任又命令在場戒護憲兵「沒有我的命令不可以解開，就算大、小便也一樣，誰吵誰鬧的話，每人身上再加一個沙包，嘴巴裡再塞塊布，如果再吵就潑水。」

「剛綁上去的時還沒有感覺到什麼壓力，但過了一個小時就明顯覺得身體無法負荷了。」

受懲罰的阿翔這麼回憶著。

期間主任曾到禁閉室查看，發現方緒情緒不穩大肆叫囂，同時哀求哭嚎「主任，再給我一次機會，我不是不操課，而是班長不讓我操課」。

不過主任非但不加以理會，反而命令戒護憲兵再加一袋沙包掛在背後，並用紗布及膠帶摀住嘴巴。凌晨一點多，明德班中校政戰陳姓處長前來巡視，在獲得禁閉生願意操課的承諾後，才將所有器具卸下；但志明這時卻情緒失控，大聲嚷著說很想自殺，於是處長又命令戒護兵將志明吊回隔離室牆上……。

四月四日清晨五點五十分左右，吳建宏主任發現禁閉生全都卸下處罰器具怒不可遏，又令戒護兵將方緒、志明施以手銬、腳鐐，腰間外掛兩袋沙包，銬於隔離室內牆上；阿翔、志豪則腰間掛兩袋沙包，雙手銬在禁閉室鐵門外罰站。

「僅在七點卅分至七點五十分短短的廿分鐘取下給予用餐時間，之後又回復處罰狀態，餘均未給予大、小解時間。」

——「國防部高等軍事法院判決書」

此時，方緒心有不服、大聲喧鬧辱罵，吳主任遂令戒護人員在方緒胸前再加掛一袋沙包，以紗布、膠帶封住嘴巴；直到中午十一點多，方緒終於體力透支休克，經醫官急救無效，緊急送往礁溪杏和醫院，再轉羅東博愛醫院搶救，仍然於十三點卅分宣告不治。

留置禁閉室的其餘三人則短暫於十二點十五分卸下處罰器具用餐，餐畢後又回復處罰狀態；直到方緒確定死亡的消息傳回後，所有人的處罰器具才得以卸除。

□法醫相驗後鑑定報告認定「被害人因凌虐致其過度用力而衰竭不治死亡」。

「被害人身體狀況因前一晚受體罰近七小時已不堪負荷，吳建宏主任於翌日卻仍加重處罰，致方緒身負約卅三公近的沙包，嘴貼紗布罰站近三小時。」

——「國防部高等軍事法院檢察署軍事檢察官起訴書」

全案經調查後，被國防部高等軍事法院檢察署軍事檢察官提起公訴，軍檢認定明德班主任吳建宏有「持續凌虐之犯意」，遂依《陸海空軍刑法》「長官凌虐部屬致人於死」、「長官凌虐部屬」兩罪論處；高等軍事法院也據此做出「長官凌虐部屬致人於死」的判決。

長期茹素、修習佛法的吳建宏，在親友的眼中就是位溫文儒雅的職業軍人，認識他的人都無法將他與「凌虐致死案」產生連結。高等軍事法院做出判決後，吳建宏自忖原本只是想藉由教化方式導正禁閉生的行為，沒想到現在卻得獨自面對「長官凌虐部屬致人於死」的軍法審判。收到判決書後，吳建宏感到有苦難言、有冤難伸，於是自己撰寫一份「判決書與事實真相相左事項整理」，計畫在日後提請上訴、抗辯。而這件事，同樣找上黃媽媽幫忙。

在「判決書與事實真相相左事項整理」內容中，吳建宏針對遭指控的情事一一反駁：

「明德班禁閉室手銬、腳鐐一直是存在的配備，國防部與總部督導時也從未要求撤除。」

「依法令解釋，本人『有拘禁人犯職務』之公務員，渠等集體拒絕操課，已有引發暴行、暴亂導致明德輔訓教育之工常運作，對渠等行動限縮乃出於職責之正當防衛。」

「沙包負重訓練純出於教化，且依其悔意程度逐次施予，絕無凌虐想法與故意。」

「使用紗布是爲防止咬舌自我傷害，膠帶是爲使紗布不掉落，並未使用毛巾。」

「並未說『未經同意不准卸除刑具及重物』」、「本人未曾下令渠等就地大、小便。」

不僅如此，吳建宏主任也一併質疑憲兵排戒護人員、醫官、戰情官也本案中自有怠忽職守之處，理該擔負部分刑責：

「當天早上本人都在開會，九點廿分，本人頻頻詢問醫官禁閉生身體狀況，僅回覆『體能還可以』，顯然有誤判之嫌。」

「憲兵排葉姓排長亦爲禁閉室室長，何以對禁閉生身體病痛全然不知？也未向我回報？」

「當日兩位醫官、禁閉室室長、戰情官均在營區，爲何均不知情？又未回報？」。

「周姓戰情官未完成職務交接手續，本人完全不知其值勤，又爲何接獲禁閉室電話後誤判情勢未迅速回報？」

當時靜靜看完十頁的「判決書與事實真相相左事項整理」，黃媽媽長長的沉默後，感慨地說：如果吳建宏早點將方緒移送「軍法處置」，也不致於活生生弄死一個兵。

□

所有相關人證的證詞及調查報告書內容對吳建宏都極為不利；而同案遭調查的除了六位憲兵戒護外，也包括醫官、當日值勤戰情官。

負責執行命令的六名戒護憲兵遭到軍事高等法院檢察署起訴並遭判刑後，黃媽媽倒是主動出面，協調幾位當時遭禁閉的拘禁生為戒護憲兵抗辯：

「憲兵遭收押禁見，因爲這件事情他們也無法做決定，也不關他們的事，今天是主任下令的，他們也無法抗命，本人請求長官放了他們。」

——「國軍官兵權益保障委員會調查案件報告」志豪

「請各級長官能給憲兵弟兄機會，因爲他們也是很不願意的，他們只是奉上級命令做事，如果不遵行，他們也會被班主任處罰，我和志豪願意出面幫他們跟法院求情作證。」

——「國軍官兵權益保障委員會調查案件報告」阿翔

另外，調查發現：案件發生當天上午十一時廿分，戒護班士兵發現方緒逐漸陷入休克，幾度向醫官及戰情回報，但是醫官不是不到場，就是到場後也只問：請示主任了沒？戒護回答「沒有」，就走人了。也因為主任下令不得任意對四人鬆綁，因此沒人敢私自動作。至於，戰情官不在戰情位置、擅離職守的結果便錯失及時發現的機會，否則透過監視器也能有效監視禁閉室的狀況。

吳建宏主任同樣在上訴軍法狀中指稱：憲兵當日執行體罰時，輪值戰情官卻擅離職守；戒護士曾以電話兩度緊急回報戰情官遭拘禁方緒的狀況，但都找不到戰情官，醫官誤判方緒體能狀況也是造成用力過度致死的原因。

戰情官在返回崗位後還向旁人稱「有學生癱在那裡」，但沒有立即向主官回報，錯失對瀕死禁閉員「發現異狀、及時救治」的先機。

經高等軍事法院審判，受命執行禁錮戒護憲兵葉姓中尉排長、其他五名戒護憲兵，以及軍醫官等人均獲判無罪定讞；至於周姓戰情官在自白書中坦承有所疏失，最後也以獲判無罪，僅遭到行政處分；明德班政戰陳姓中校處長則被判處四年有期徒刑，緩刑兩年。

二〇〇六年十月廿日，最高法院駁回吳建宏主任的上訴，仍依《陸海空軍刑法》「長官凌虐部屬致死罪」，判處七年兩個月有期徒刑。

媒體報導：吳建宏主任在案發不久即申請退伍返回白河老家，一度在關子嶺路邊擺攤做小生意，之後才又轉往北部工作，但服刑期滿後至今下落不明。

涉案軍醫官目前在三軍總醫院擔任某科部門主任一職。

當初僅以一牆之隔，眼睜睜看著方緒氣絕身亡，而成為唯一目擊證人的阿翔則在事件告一段落後向黃媽媽保證：

「退伍之後，我會乖，不會再做壞事了。請妳放心，我一定會乖……。」

□

過去，軍中頑劣份子被送往明德班後遭凌虐的事件時有所聞，甚至有人會說：只要被送進明德班，肯定「有去無回」。回憶起挺拔壯碩的大男孩方緒遭到極不人道的凌虐經過，黃媽媽難掩內心激動，幾乎是流著淚把故事說完……。

「誰都沒想到好端端的一個男孩子，因為班主任教化的方式太過嚴厲，竟然活活被折磨死了；我希望軍方以後遇到這樣的情況，依法直接送辦就好，千萬不要再以任何理由動用私刑。」

註、自二〇〇一年一月一日因應行政程序法施行，奉國防部令停止收訓回役士官兵，並於同年三月一日裁撤海軍明德班，將國軍士官兵（管）輔訓教育工作全交由「陸軍明德班」執行，後 考量各部隊送訓之便利性，二〇〇五年十二月廿一日奉國防部令將「陸軍明德班」駐地由宜蘭礁溪調整至台中「中興嶺營區」，並於二〇〇六年一月一日更銜為「國軍輔導教育中心」，成為國軍唯一專責輔導教育受懲戒士官兵之單位。

第9通 義務役軍官頭套塑膠袋窒息案

二〇〇二年四月的某一天，黃媽媽接到一通明祥姐姐打來的申訴電話。

「部隊後勤官將所有業務交給他做，卻不給予指導或經驗傳承，凡事都要他自己摸索，每天幾乎都加班到深夜；他問過其他同梯同學下部隊的狀況，似乎都沒有這麼糟糕，可以請黃媽媽協助向部隊陳情嗎？」

接手明祥的案子後，黃媽媽每次都會聽到家屬在電話裡批評部隊勤務分配不公，才導致明祥每天都得加班；之後也陸續得知：從事軍旅生涯上校退伍的父親透過軍中「政戰系統」，居間協調看能否調整服務單位，至於心疼的母親也同樣動用人脈，想盡辦法由「參謀系統」切入，希望盡早讓明祥脫離苦海。既然家屬有自己的門路解決明祥適應不良的問題，黃媽媽不便多所置喙，只是靜觀案情往好的方向發展。

□

時間：二〇〇二年六月一日
地點：陸軍六軍團〇〇裝甲旅
事件：義務役少尉軍官營區內以塑膠袋套頭自裁案

清晨七點卅分，明祥因遲遲未現身至營部戰情室交接業務，在部隊裡引起一陣輕輕的騷動。

周姓上尉營訓練官查覺有異到軍官寢室查看，這才發現明祥身著便服、運動鞋躺臥在單人鋁床的上舖，頭上套住一個白色塑膠袋，早已氣絕多時；現場留有一張「撐不下去」的紙條，以及一個酒瓶。

國防部桃園軍事法院檢察署林姓上尉檢察官獲知消息後於十點卅分抵達，約詢相關人員以及檢視現場，發現並沒有打鬥痕跡；下午五點廿五分會同軍法醫、家屬及軍隊幹部前往國軍新竹醫院勘驗遺體。

□

明祥於新竹某國立大學機械相關研究所畢業後考上預官，又在後勤學校接受四個月的軍官養成教育；二〇〇二年三月廿六日，包括明祥在內的六位少尉軍官因其特殊專長及本質學能，未經抽籤直接分發到六軍團所屬裝甲旅營部擔任兵工官；然而，一下部隊之後，明祥隨即被指派與屆退的蔡姓兵工官銜接業務。

四月六日起，明祥便經常接獲旅部各業管部門電話紀錄的交辦事項，雖然工作內容大多為業務協調、參加會議及資料彙整等，但攤開業務交接清冊仔細算一算，總共列了廿六項業務。因為對承辦業務與職掌劃分存有疑慮，明祥在四月中旬遂向黃姓中校營長反應自己遭到部隊刁難。儘管營長予以慰勉，要求其他弟兄全力協助，但對於這樣「直接分發、指派任務」的安排，明祥半個月來始終耿耿於懷，多次向同梯表示「無法接受，也無法適應」，也不斷向家人訴苦上級長官任務分配不均、軍中處理業務的負荷太重。

旅部政戰主任獲悉後，幾度找了明祥面談，表示如果真的適應困難，就由旅部看看有沒有機會調整到其他單位。沒想到這段虛應故事的敷衍內容，卻讓明祥萌生希望，滿心期待調離單位。

「沒想到營長知悉後，不但沒有試著了解原委，反而當眾多軍官的面痛批『你們透過誰找關係反應都沒用』；面對旅部展開調查，營長也要求明祥向旅部表明，並未受到不合理待遇，否則工作更重；旅部查處後異動後勤官，果然後勤業務就落在明祥的頭上。」（《中時晚報》二〇〇三、一、一）

□

五月上旬，同梯弟兄政戰少尉鴻文向黃媽媽反應：明祥變得很安靜，話也愈來愈少了，與人交談時總是拖言有事草草結束談話，實在有點令人擔心……。於是，母親節前的某天早上九點，鴻文和明祥相約到黃媽媽家中坐坐聊聊。黃媽媽試著分享多年來勤跑部隊基層時看到的現狀，也解釋每個部隊因為任務及屬性不同、主官領導特質與個性差別，每位役男下部隊之後自然會有不同的際遇。黃媽媽叮囑明祥放寬心，慢慢調整自己的步調，也承諾會持續關心他的狀況。一整個上午大家暢所欲言、有說有笑。

明祥帶著輕鬆愉快的心情離開黃媽媽家，在前往火車站的一路上對著鴻文說個不停，彷彿一切的憂慮都消除了，下部隊後的煩悶情緒也全拋到九霄雲外。鴻文心想：好久不見這樣天高地闊、侃侃而談的明祥啊。

卅一日，五月的最後一天，黃媽媽接到明祥媽媽的來電：

「明祥打電話回家一直在哭，說他快撐不下去了，黃媽媽，你看怎麼辦才好？」

掛下電話後，黃媽媽立刻又打了電話給營區內的鴻文，詳細詢問明祥最近狀況；得到的回應是，明祥表現很正常，與其他弟兄相處融洽，感覺並不需要特別協助。這時，黃媽媽才向鴻文轉達了家屬的憂心，也請鴻文要多多看照明祥，就擔心他已經承受不住壓力，但表面上仍然佯裝剛強。

□

軍法醫勘驗遺體後表示，從現場殘留三分之一的酒瓶來看，明祥是在深夜時，大口喝下同寢室軍官準備送給退伍弟兄的烈酒，用白色塑膠套悶死自己，應屬自裁；不過明祥父親對案發現場明顯遭到破壞及移動、遺書是否確為明祥筆跡，及死亡的方式與時間提出質疑，懷疑其中有他殺的可能，當下提出要求，希望由刑事警察局法醫進行解剖。

但由於幾天前，澎湖馬公外海才發生「華航六一一澎湖空難事件」（註），造成機上人員共二二五人全數罹難的不幸事件，刑事警察局法醫石台平長期滯留澎湖馬公協助相驗罹難事遺體。經協調後才約定等到六月六日石台平飛回台灣本島後，再對明祥進行解剖確定死因。

這段期間，明祥父母的氣憤與絕望不難想像，尤其對於營長明知部隊有潛在問題，卻視而不見、毫無作為無法諒解；每每見到黃姓中校營長就是一陣咆哮、嘶吼、亂打。解剖當天，軍事主任檢察官當場放話「如果家屬動手打人，就連家人一起辦」；此時軍方致電黃媽媽到場「關切」，就擔心家屬看到部隊幹部又是一陣失控影響解剖進行，黃媽媽這才同意以「國防部官兵權益保障委員會諮詢委員」身分協調軍方與家屬。一方面提醒家屬不要再動手羞辱軍官，若對於判定結果不滿，可以再向國防部申訴；另一方面也要求軍方，不得以任何形式對軍檢調單位及家屬進行洗腦、挑撥的小動作。

「死因：無外傷、外力，係為窒息而死」

解剖之後石台平法醫做出死因判定，並從胃液採集發現確實有酒精反應。明祥父親當場提出明祥臉部發黑、喉嚨有氣泡，以及塑膠袋也可能是死後被套上等質疑；經法醫進一步解釋：明祥喉嚨軟骨並未受損，身上也沒有發現抵抗傷痕，家屬才暫無其他異議。

□

明祥在學校是個活躍、開朗的孩子，獲知他在軍中自裁的消息，教授和同學都覺得無法置信，甚至在校園內的網路聊天室，討論、散布明祥死因不尋常的訊息。

其中有幾位同學便主動聯絡黃媽媽表達師生心中的狐疑與不解。

「歡迎你們來找我聊聊，我可以告訴你們整個事情的經過；如果你們真的發現新事證足以證明明祥遭到他殺，我也會帶頭陪你們上凱道抗議。」

電話裡，黃媽媽這麼跟同學說。

二〇〇〇年，台灣在解嚴之後完成首次政黨輪替，當年，執政的民進黨力促空間與思想同步解嚴，陳情團體走上凱道抗爭的活動早已屢見不鮮。「上凱道」儼然被視為表達訴求最直接有力的途徑。

當著三位師生、同學的面，黃媽媽仔細說明事件處理經過，也協調軍方擇日帶著三位師生進入營區看看明祥的寢室，了解他的生活狀況；雖然，營區內一些熟識明祥的軍官或離或退，為此，黃媽媽也請部隊徵得兩位已經退伍的義務役軍官同意，回到營區向同學們說明明祥軍中的生活起居，以及事件發生後的處理情形。在疑慮消除後，校園內網路聊天室對於明祥死因的討論才漸漸平息。

□

明祥死後半年的十二月卅一日，家屬召開記者會表示，明祥曾循軍中心輔管道尋求協助，卻未獲得真正的重視；而軍方事後的處置態度草率，同樣讓家屬不滿：

「迄今未讓家屬過目死亡調查報告書，再加上一份遺認定爲明祥自裁遺書的文件被軍事檢察官蓋滿職銜章，看來極爲突兀，事後幹部無人遭到懲處，痛批軍方調查過程不愼重，有官官相護之嫌。」（《中時晚報》二〇〇三、一、一）

□

記者會上，家屬也不客氣地點名「黃媽媽」，僅僅只會在接到電話反應後前往部隊「慰勉」、「了解」，根本無助於解決役男問題。當下，黃媽媽對於家屬的指控確實感到訝異，婉謝任何媒體的採訪，而事隔十五年後回憶起這段往事，她先是嘆了口氣，想了許久才慢慢說出心底的感受。

「印象中，家屬不曾對我有所抱怨，原來，在他們心中對我的積怨很深。

軍方確實讓明祥過度以為可以調離現職，脫離苦海，最後卻期待落空；但嚴格說來，並沒有什麼實質的過錯。大概就因為我沒有一味站在溺愛孩子的家屬這邊，反而不假辭色地喝斥他們『不能在案情未查明前，見到部隊主管就出手打人』，最終才會招來怨懟吧……。」

註、中華航空CI-611班機空難，又稱「澎湖空難」。二〇〇二年五月廿五日，華航一架搭載二〇六名乘客及十九名機組員（包括正副駕駛及飛航工程師）的波音747-200型客機，由中正國際機場（今桃園國際機場）飛往香港赤鱲角國際機場途中，於澎湖縣馬公市東北方二十三海浬（約四十二公里）高空處解體墜毀，造成機上人員共二二五人全數罹難，成為發生在台灣境內死傷最慘重的空難。

第10通 輔導長強制猥褻女兵案

「黃媽媽你好，我是一位退伍一年的女兵，之前在部隊時被一位上尉輔導長性侵，那位輔導長最後被移送軍法，這一年來我們都在打官司。現在判決結果是強制性猥褻，判刑八個月，但對方好像還可以上訴。令人不敢想像的是，這樣的一個軍官，竟然還可以留在軍中，敗壞軍紀、殘害更多的女兵？」

二〇一一年九月底，還是個酷暑燠熱的季節。某天晚上九點左右，黃媽媽接到一通陌生女子的來電，邊講著電話邊擦著臉上的汗珠，一說就是一個多小時……

□
時間：二〇一〇年五月
地點：國軍某離島部隊指揮部
事件：男性軍官輔導長強制猥褻女新兵

一年多前的某個離島部隊，發生一樁男性軍官性侵女兵的案件，事發後部隊吳姓政戰少將主任竟然找來其他女性同袍規勸，希望當事人怡安趕快申辦退伍；如果真把事情鬧大對軍方、對未來重返社會都沒有幫助。承受來自同袍及主管的壓力，以及內心負面情緒持續浮動積累，讓怡安幾乎喘不過氣，在部隊裡已無法多留一天。

接到電話陳情的隔天，黃媽媽聯絡上新到任的楊姓政戰少將主任，希望進一步了解案發經過。沒想到楊姓政戰主任在話頭上就質疑：當天女兵怎麼會自己跑到輔導長寢室去睡覺？讓整件事感覺詭異。而且當天中午寢室外也有很多官士兵來來去去，如果大聲呼救也不致無人聞問；更何況當初軍方想協助、關心女兵，卻被她的家人拒絕，並表明不願再與軍方有任何接觸，讓部隊也無能為力。

事實上，怡安位在南部的家裡經營一家小小店面，根本不曾想過毅然投身軍旅的女兒會遭遇到這樣不堪的事；女兒的不幸已經讓家人不知所措，更別提軍方三天兩頭透過管道希望「從中協助」讓家屬不堪其擾。在不想再與軍方打交道的情況下，怡安的爸媽決定請個律師為女兒討回公道。

□

為了接近新報到的怡安，上尉輔導長鄭其志刻意將她調為政戰業務，成為代理政戰兵，負責協助輔導長處理政戰文書業務，成為直屬政戰兵利於接觸。

二〇一〇年五月某日中午休息時間，怡安處理完政戰業務後到輔導長室，鄭其志違反「男女禁止單獨共處一室」禁令，讓她在辦公室沙發休憩，不料

「鄭員爲滿足自己性慾，基於對A女強制猥褻犯意，在該辦公室內，違反A女意願，先以雙手環抱A女之強暴方式強摟A女，A女推卻，並閃躲至辦公室內鋁床邊，鄭其志仍趨前將A女推倒在床，伸手強行將A女上身之迷彩服脱掉，掀起A女之迷彩內衣並解開胸罩，撫摸及親吻A女胸部。嗣鄭其志欲強行褪去

「A女之迷彩外褲時，因A女不斷掙扎反抗並猛推，鄭其志始停止犯行。」

——「國防部高等軍事法院判決」

八月八日晚間，怡安因服用藥物過量，經後送國防醫學院三軍總醫院急救，在就醫期間也向○○防衛指揮部副指揮官反應，全案才有機會展開行政調查，並將鄭其志函移國防部北部地方軍事法院檢察署偵辦，並經軍事檢察偵結起訴。

返回台灣本島休假期間，怡安在家則多次向家人索酒在房間獨飲，發洩積壓在心中的情緒，經親友不斷勸說下才同意辦理退伍；不過，日後只要一有異性靠近就會嚇到驚慌失措，很難回歸正常的生活。幾個月後，怡安才好不容易找到一份臨時的工作。

自從九月底聯絡上黃媽媽，怡安每天晚上十點半下了班，總會迫不及待打電話給黃媽媽訴訴苦、說說心事，每次都會聊上半個鐘頭；只要兩、三天沒接到怡安的電話，黃媽媽也會主動去電詢問近況。

「黃媽媽，我今天好像看見鄭其志在住家附近出現，他會不會是專程南下報復的？難道移送軍法的人依舊可以逍遙法外？」

這一天，怡安語帶著驚恐地這麼說著。

經過黃媽媽向司令部追查發現，鄭其志調離主管職後，被調回台灣本島南部單位繼續服役，而地點好巧不巧就在怡安家附近。這樣的調動就已經讓怡安提心弔膽了，更沒想到的，經國防部高等軍事法院審理，對鄭其志做出無罪的判決；軍事法院檢察署收到判決書後立即提出上訴，而鄭其志也針對軍檢上訴提出抗辯。

□

國防部高等軍事法院審理判定，怡安受創後並沒有言行失常、激動哭泣、顫抖沮喪、無助害怕、焦慮痛苦等被害後「應有」之言行表現，故而推論被害人未受侵害；軍檢認為這樣的判定荒謬至極，顯然違反倫理法則。此外，被告鄭其志在部隊調查時自白：因一時衝動，未經怡安同意觸碰其「胸部」，但之後在偵查及審理中又改稱僅以手拍打「胸口」將其喚醒。檢方認為被告說詞反覆，且「胸部」、「胸口」差異甚大，自然應以調查初始未受脅迫情況下的自我陳述為準；而且就算要喚醒女兵也大可以輕聲叫喚，或碰觸手腳等非敏感部位，足見被告供詞是「臨訟杜撰，不足採信」。

至於被告鄭其志在辯護律師的「調教」下抗辯指出，早在案發前，怡安就曾到國軍北投醫院就診，醫師早已診斷出罹患「未明示之精神官能症」，甚至有自殺傾向，加上相關證人指出，怡安與鄭其志之間一向互動關係良好，並無畏懼、排斥、疏遠等情事，足以證明怡安是蓄意虛構因案身心受創、情緒不穩，且故意藉酗酒處理情緒，並非遭侵害後所引發的「創傷後壓力症候群」徵狀。

面對兩造雙方各說各話，且無直接目擊人證的情況下，軍事高等法院判斷「雖不能僅憑被害人之指述即認定被告之犯行，惟亦不能因被告否認，而遽認為無被害人所指述之犯行發生，尚須綜合客觀及事後情狀，判斷是否與被害人所指述者相符。」法官衡酌怡安所指侵害過程與被告鄭其志自我陳述內容，細節雖有順序上的差別但均為事實，與前後證詞並不相悖，並無虛構杜撰之嫌。「且部隊既有嚴令在先，而被告何以獨厚A女在其獨立個人辦公室兼寢室午休，其動機何在，足啟人疑竇。」

審酌被告鄭其志身為國軍軍官幹部，竟僅為滿足自身性慾，任意對剛志願入營的女性新兵施以強制猥褻得逞，嚴重影響軍譽；而到案後，又虛飾狡賴以圖脫免刑責，甚至在軍事法院審理時，在怡安陳述意見完畢即將離去前對著證人保護室大聲咆哮，犯後態度惡劣，法紀觀念淡薄。國防部高等軍事法院最後判決鄭其志「對於女子以強暴之方法而為猥褻之行為，處有期徒刑八月」。

判決確定後，鄭其志遭撤職入獄服刑並勒令退伍，怡安與黃媽媽的「熱線」又持續了四個多月，這半年來，兩人始終未曾謀面；從談話中黃媽媽也得知，怡安入伍前就有位交好的男友，在外島發生不幸的遭遇後，男友非但沒有離開怡安，反而一直安撫怡安心裡的不安，並承受她情緒失控時的咬、打，這點讓黃媽媽著實為她高興。

□

「黃媽媽，我們這樣通話也半年多了，我很想見見你……。」

農曆過年的連假期間，怡安特別從南部北上看黃媽媽，還應景包了兩千元紅包過節，黃媽媽則回送一個拼布化妝包。

「那天聊了些什麼早就忘了，只記得她一直拉著我的手跟前跟後的走來走去，聊了一個上午；而她那位男友就坐在附近的便利商店裡靜靜地等著。」黃媽媽說。「會提出這個案子，是希望提醒軍方高層主管都能愛子弟兵如自己的子女，不要在事情曝光後，只會想著透過各種管道強迫當事人退伍；如果能適時陪伴，給予溫暖、關懷，對於當事人來說，這些都會像是漂流在大海中的浮木一樣可貴。」

就像所經手處理的大多數案件一樣，一旦案子結束，也就是黃媽媽和個案的關係漸趨平淡的開始，各自將回到生活常軌運行；兩條存在於不同象限的直線，相互交會的當下即宣告了離別。和怡安見上面後，怡安就愈來愈少打電話來。每天晚上十點卅分左右，黃媽媽還是習慣性地盼著電話聲響。因為擔心舊事重提，更不想讓怡安男友心存芥蒂，所以黃媽媽也不好主動聯絡對方；最後怡安終究成了斷線風箏，但她永遠是黃媽媽心中最柔軟的一塊……

※

隨著《兩性工作平等法》施行，投身軍旅的女性日漸增多，國軍自二〇〇六年起開始招募女性士兵及儲備士官，並逐年增加女性軍職人員比例。根據國防部最近（二〇一七）的調查報告顯示，二〇〇六年女性官士兵人數計約七千人，到了二〇一七年七月底為止，女性官士兵的人數已快突破兩萬人，約占志願役總數的百分之十三．六。

但，隨著女性官士兵的比例增加，違反男女分際和不當男女關係情事，以及衍生其他不良事端嚴重損及軍方形象的案件也隨之增加。為此，國軍還特別頒布「國軍人員兩性營規管理規範暨懲處原則」要求官兵不得藉部隊訓練為由，蓄意碰觸異性身體；嚴禁藉「階級職務」之權勢，要求男、女性同仁從事非公務之不當活動。兩性「共同管理規範」中的第一條更明定：不論在任何場所，均應避免男女獨處一室，若無法避免時，應指派專人陪同或事先報准，並開啟門窗或設置透明門窗，以免造成誤解。

軍中性侵、猥褻、性騷擾等案件時有所聞，因案件發生於營區內、外，也因案情或大或小，加上軍方在第一時間都抱持著希望雙方息事和解的心態，使得大多數兩性案件（其中最多的要算是「藉階級職務趁機強制猥褻」）都未曝光而成為軍紀事件裡的「黑數」。

第11通 老兵集體欺凌弱智新兵案

二〇〇二年七月三日，黃媽媽接到德鑫的爸爸打來的申訴電話。

「黃媽媽，我兒子幾天前遭到老兵集體凌虐，部隊卻說是他自己精神病發作。這件事我們曾向立委陳情，立委秘書陪同家屬到憲兵隊報案，憲兵隊也到醫院做完筆錄。但是現在這位立委秘書反而和軍方站同一陣線，希望家屬早早撤案，部隊副隊長還語帶威脅說：否則德鑫的停役申請就看他會不會蓋章了。」

之所以急著打這通電話，是因為國軍八〇二醫院精神科醫師判定德鑫為智能不足，已經符合停役條件，家屬深怕有什麼變數，讓德鑫無法順利辦理停役，如果被迫回到部隊後肯定又要遭到欺負。而兩天前憲兵隊才做完筆錄，現在某位立委秘書與隊長在沒有告知家屬的情況下又跑到醫院，懷疑是要重作筆錄、逼德鑫翻供。

電話中黃媽媽要家屬安靜下來，沒有證據不要妄下定論，也許是基於案情需要，必須再次釐清疑義，只是立法委員秘書為何陪同前往？又為何沒有通知家屬？這點倒是啟人疑竇。

□

時間：二〇〇二年六月間

單位：空軍屏東〇〇〇聯隊基勤大隊

事件：老兵集體欺凌弱智新兵

入伍前，德鑫在屏東一家汽車工廠當學徒，在老闆的印象中，他是個坐不住的過動兒，什麼都肯學、工作起來非常帶勁兒，拆卸零件的動作比誰都快，但怎麼組裝就是裝不回去。也因為有了汽修經驗，德鑫被分發到空軍擔任飛機維護兵（飛虎七二一梯次）。

入伍後單位輔導長針對新進人員進行約談時，德鑫詎稱自己是「竹聯幫高雄少鷹堂堂主」，平時和黑道兄弟走得近、交友極為複雜，入伍前是以販賣搖頭丸（由下游青少年代售）獲利；也因為女友無照駕駛肇事逃逸，為了給付刑事、民事賠償，還向地下錢莊借貸五百萬元。

短短一個月，德鑫具有黑道幫派背景的消息不脛而走，部隊裡不少弟兄見到他總是退避三舍、敬而遠之；時間一久，德鑫也自覺走路有風、好不快活。但四個月之後，因為學科測驗不及格加上適應不良，德鑫從軍機維護廠被調至基勤大隊膳食分隊（從維護兵調為伙房兵）。調整單位沒多久德鑫就反應腰背疼痛，無法下床工作，於是轉診高雄國軍八〇二醫院就診脊椎疼痛問題，接著連放五天假休息，六月廿六日晚上才歸營。沒想到隔天中午左右，家屬就接到「德鑫已經發瘋，人在八〇二醫院急性精神病房」的緊急通知。

□

聯隊所提出的調查報告中載明：「廿七日凌晨四時卅分，德鑫於寢室欲前往餐廳工作時，突然情緒失控，疑似精神異常，全身藏入床底，並聲稱遭人追殺毆打，自此蜷縮床底不出，駐隊主管勸說不但無效，雙方更是僵持了好一陣子。且該員有自我傷害傾向，若強行拉出，則會以頭部強撞牆壁。最後於輔導長安撫下送至醫務中隊，並立即轉送至八〇二醫院精神科。」

難道部隊又在大事化小、避重就輕了嗎？

經憲調、監察人員赴醫院抽絲剝繭調查，並引導還原當時狀況，德鑫慢慢的陳述了事件經過：

「我休了幾天假回營報到後的晚點名時，就被七、八個老兵叫住，他們還喝令我不能亂跑，否則要我好看。其中有位資深伙房兵要我脫掉軍服，穿著汗衫擦餐廳地板（約百坪）、還有一百多張餐桌；有人用皮帶綁住我的兩腳，還要我雙腳夾著竹子走路，走不了幾步我就倒在地上了。另外，有人逼我爬到寢室床底下，只要我躲在床底不出來，其他人就起哄、拿著竹子要我『死出來』；還在我頭上灑了一大堆痱子粉。」

「其中一位綽號阿忠的老兵用『莒光作文簿』墊在我的腰背部（經確認部位為膏肓處）用鐵槌敲打，還有人把象棋棋盤壓在我腳趾上再拿鐵槌用力敲；阿國則是用腳踹、拿拖鞋打我的頭；還命令我用掃帚當吉他唱歌給他們聽，如果我不唱或一停下來，他們就打我巴掌。」

對一位廿歲的年輕孩子施以種種極盡荒誕的凌虐已令人咋舌，更誇張的是，綽號小齊的老兵拿了兩顆紅色不明藥物逼德鑫服下，並威脅他不得向長官報告，沒多久他便全身癱軟無力、失去意識。

總計有六、七個人參與凌虐，十多人在一旁把風及觀看。

軍紀處及憲調人員在聽完德鑫細訴的事件經過後，驚覺事態嚴重，簡直無法置信；一旁看護的班長則小聲對德鑫出言恐嚇：「你說得真好，回去會讓你很難看。」

□

七月五日清晨六點卅分，黃媽媽抵達八〇二醫院，先向軍紀監察處監察官了解狀況後，再與家屬及主治醫師討論德鑫出院的可能性（院方評估，住院治療的德鑫恢復良好已可辦理出院）。黃媽媽一行人與軍紀監察人員又隨即從高雄南下屏東空軍〇〇〇聯隊展開調查，並要求聯隊提供膳食分隊人員名冊及照片，供德鑫指認凌虐人員。結果膳食分隊廿一位成員中，遭德鑫指認出手毆打的計有六員、另有九員在一旁袖手旁觀。

當晚八時，黃媽媽轉往鳳山憲兵隊了解案件處理情形。警務處分組長解釋，實在是因為憲兵隊員將德鑫第一次的筆錄帶回上呈後，隊長認為部隊裡發生凌虐事態嚴重，當下召開專案會議，也認為有些案情內容必須釐清，才會在徵詢八〇二醫院精神科醫師的同意後再進一步訊問，不料此舉卻惹來家屬誤會。

住院期間，八〇二醫院精神科的三〇一病房裡常常看不見德鑫的影子，只要逮到空檔，他就會到處閒逛串門子，走起路來也吊兒郎當的模樣，活把醫院當成是自己家一樣。

部隊裡的保防官曾提醒黃媽媽，德鑫是竹聯幫少鷹堂堂主，交友也很複雜；但黃媽媽不管怎麼看眼前這位瘦小又乾癟的毛頭小伙子都不像是混黑道幫派的，還自稱一堂之主、向地下錢莊借貸五百萬！從父親一輩子安分當個廟宇石刻師傅、姐姐又是護理師的單純家庭背景來看，更是讓人無法聯結。

「黃媽媽，是入伍前朋友告訴我要這樣講，才不會被老兵欺負，誰知道我反而被打得更慘啊！」

軍醫院檢測德鑫智能僅七十三分，判定「因病停役」，至於集體施虐毆打、袖手旁觀的士兵則分別接受行政懲處或調離現職的處分。

□

儘管國軍三令五申禁止「老兵欺負新兵」，但這樣的陋習始終存在於各級部隊之中；有些屆退老兵專挑新兵「下手調教」，也有人專挑軟柿子吃，在部隊裡呼風喚雨當老大。

「所以，年輕人真的不要膨風，淨想著到軍隊裡耍老大，不小心真的會害死自己。」

好幾年之後，德鑫的姐姐傳了一則簡訊來：

「黃媽媽，德鑫後來自己當上老闆，也已經結婚了，家人都很高興，謝謝您當初的協助……。」

第12通 男性士兵遭猥褻性侵案

「黃媽媽，我在軍中被班長欺負了；事後輔導長承諾會協助處理，請對方出來和解，讓這件事不要引爆，否則對雙方都不好。沒想到對方不但沒有意願和解，結訓前一天媒體也都知道了，下部隊後弟兄更是對我指指點點。現在，大家反而幫著班長說話，要我原諒他，不要再追究了。」

長相斯文清秀的阿哲皮膚細白，說起話來也是輕聲細語的，遭上士班長強制性侵後，他已經有兩次以剪刀自裁的紀錄，最後被安排住進國軍高雄八〇二醫院精神病房診治，同房的病患弟兄告訴阿哲不妨聯絡黃媽媽請求協助。

□

時間：二〇〇九年十二月廿三日

地點：後備陸戰旅步〇營步〇連

事件：上士班長利用權勢性交犯意妨害性自主案

事件發生後，在營長、連長和幾位弟兄召開的秘密會議上，有幹部說：既然李國正班長的家人希望雙方和解撤銷告訴，而且要賠多少都願意拿出來，所以這事應該好解決，重點是不能讓事件曝光、張揚，否則對大家都沒有好處。結果會議結束沒多久，這起性侵案就傳開了，部隊裡立刻有弟兄揶揄、恥笑阿哲；甚至在阿哲準備洗澡時圍上一票人問東問西的，搞到他得等到最後一個才敢去洗澡。

□

從小阿哲的父母便分居彰化、桃園兩地，儘管阿哲一直希望父母合住，這樣才可以得到媽媽的陪伴，但始終都沒有獲得父母的正面回應。在部隊受了侵害，一直保持沉默的阿哲直到放假回家才敢告訴家人事情原委，最疼他的奶奶實在不敢相信在軍中服役的長孫會遭到部隊幹部如此對待，常常一想到就手足無措蹲在一旁哭泣……。

事情發生在十二月廿二日晚上就寢時間後，阿哲熟睡之際感覺被一雙冷冷的眼神緊盯著，恍惚中他睜開眼睛仔細一看原來是上士班長李國正。清醒之後，兩個人靠坐在床頭，東聊西扯的談到人生規畫以及如何練就一副好身材；過程中，李國正慢慢挪移身體躺到阿哲旁邊，並要阿哲撫摸他的胸肌，遭膽怯的阿哲推卻。

但是李國正並沒有停止動作，反而將手從阿哲衣服的下方穿過，觸摸他的胸部。

「班長，請不要這樣，我全身都很怕癢的。」

李國正沒有收手，硬是將手壓在阿哲的胸上，然後說自己平常也有做「夾枕頭」的訓練，強化股四頭肌（大腿前側肌肉）的肌力，隨後就示意阿哲露出大腿讓他示範如何夾枕頭。阿哲勉強配合班長的要求，但此時他的大腿不經意碰觸到班長的下體，發現班長的下體早就勃起。

「這種感覺讓我五味雜陳，實在難以言表。直到聽見有人進入寢室聲音，兩個人才又恢復靠著床頭牆邊的坐姿。」

阿哲原本以為這一場惡夢終於醒了，心裡直覺即將獲得解脫而感到輕鬆，沒有料到的是，真正的夢魘兩天後才開始。

廿四日凌晨，李國正僅僅穿著一條內褲進入阿哲的寢室，趁著兩人聊天時不斷地對著阿哲搔癢、嘻鬧，最後甚至以手撥弄阿哲的乳頭；阿哲用力按住李國正的手要求他停止，李國正才悻悻然離開，轉往淋浴間盥洗。

洗完澡後，李國正再度來到阿哲寢室。

「你是否有過在睡夢中下體卻有感覺（勃起）的時候？就是這樣的感覺使得我再次睜開雙眼定睛一看，shit!!居然是李國正班長！我徹徹底底被嚇呆了，乃至我在他口中射精卻不自知……。一路裝睡的我看著他含著東西出去，過幾分鐘後，他才又回來穿好我的褲子。」

「我一直告訴自己這不是眞的，但那濕熱的感覺卻是眞實存在的，我一夜長泣直到天明。隔天我照常出操但泣不成形，四位同梯弟兄詢問我的狀況，我也就一五一十地說了……。」

——節錄自「阿哲自白陳情書」

一月底，軍事檢察官調查後對李國正提起公訴。

「犯罪事實：

上開單位上士班長於十二月廿三日廿三時許，藉與A男談話之際，乘A男不及抗拒而撫摸其胸部；復於廿四日凌晨零時於同一處所，基於利用權勢性交之犯意，將A男生殖器放入自己口內，使之接合反覆進出，A男因知被告係班身分而隱忍不敢抗拒，如此直至A男射精。嗣A男向該管反映，案經行政調查屬實，移送本署偵辦。」

——「國防部南部地方軍事法院檢察署軍事檢察官起訴書」

□

隔年（二〇一〇年）三月初，眼看著軍事法庭即將開庭，但班長李國正的爸爸向軍方表示不會接受任何和解的協調或談判，因為只要「和解」，就意味著承認自己兒子確實有錯。

此時阿哲的情緒也顯得極度不穩定。

三月十日開庭的前一天下午四點卅分，黃媽媽到八〇二醫院精神病房探望阿哲，並取得「陳情書狀」，工整而秀氣的字跡寫著：

「十二月廿二日、廿四日先後遭上士班長李國正威逼利誘，加上初入部隊內心恐懼不敢反抗，致被上士班先後騷擾兩次，性侵害乙次得逞；案發後加害人及連上長官軟硬兼施要我不得張揚此事，並暗示替加害人脫罪。身爲長官的李國正未依軍中長官身份教育教導入伍新兵，反而違返軍紀、軍法欺凌新兵，而今天造成陳情人身心受創嚴重，內心陰影揮之不去而入院……。」

開庭時，雙方各自表述意見與立場，軍法官並未做出裁決。兩天後阿哲的停役日期生效；五天後，班長李國正的爸爸主動打電話給黃媽媽，告知阿哲家屬兩天前透過管道強調不會接受軍事法庭上國正委任律師所開出的十萬元和解金，反而喊出八十萬元的賠償數字。

「他們說十萬這種金額不但沒有誠意，更形同一種羞辱，是不可能和解的。之後就開出八十萬，被我當下拒絕之後又願意降到六十萬，然後又降到五十萬……。我都沒有答應。我們的律師說，這麼會要錢，乾脆給他們一千萬好不好？」

「黃媽媽，不是我們不想和解，我兒子說了，即使被關也不會承認犯罪的，因為當初是阿哲自己說缺錢，所以兩個人的條件都談好了，是在阿哲同意之下進行的；怎麼到最後阿哲卻翻供說自己是被強迫？這點我們不能接受。我兒子堅持交給法官去判，他並不知道我出面和對方談和解，否則他一定非常生氣，更不會接受任何和解條件的。」

電話這一頭的黃媽媽曉以大義：如果調查結果沒有發現可以推翻前述事證的任何證據，基於國正是幹部，而阿哲又因為這個事件搞到最後住進精神科，怎麼看都是對國正相當不利。話雖然這樣說，但黃媽媽對於阿哲家屬利用兒子的傷害漫天開價，等到打電話去詢問實情時又支支吾吾、閃爍其詞，對於賠償額度更是上上下下沒有一個標準，這樣的態度讓黃媽媽一度想退出協調。

退伍後的阿哲狀況持續不見好轉，晚上已經不敢一個人睡覺，慶幸的是弟弟辭掉工作在家陪伴。

雙方又經過一個星期的協商後，三月底，阿哲的媽媽打給黃媽媽表示阿哲說至少要卅萬元，並強調這是阿哲自己的意思；儘管聽起來有點蹊蹺，但黃媽媽還是如實傳達給對方委任律師，請李國正家屬能否將金額再提高一點，讓雙方早日達成和解。

「黃媽媽，我們的立場很清楚，根本也不想這樣拖啊，反正我們家沒財產啦；我的底線是十萬，而且還要問問兒子的意思，他不想賠一毛錢！要怎樣隨便他們啦，就讓它耗著嘛！我兒子名下也沒有財產，到時他們一毛都拿不到。」

李國正爸爸打給黃媽媽時口氣不太好。黃媽媽耐住性子說：

「再怎麼說你兒子是軍中幹部，會發生這種事大部分都是幹部去騷擾新兵，不可能是菜鳥主動去試探班長意願吧？幹部本身就應該遵守規範，你覺得你兒子沒有錯嗎？既然事情發生了，雙方就盡量和解，讓孩子們都各有退路。有必要把話說得那麼難聽嗎？」

「如果你的底線是十萬，那就真的沒什麼好談了。你還要問你兒子，你兒子又堅持不要賠錢，那就更不可能和解了。」

兩個鐘頭後，黃媽媽又主動去電給阿哲媽媽，轉述對方的強硬立場，阿哲的家人似乎知道雙方已經無法往下談，便向黃媽媽說，我們阿哲做了最大的讓步，如果對方這麼強硬，那十萬我們也不要了，我們寧願讓這個班長關久一點。

雙方相當堅持、誰都不願退讓，這讓黃媽媽一度懷疑這起性侵案到底是不是出自阿哲個人意願；但無論如何，如果彼此能夠和解，至少可以讓因案被提起公訴的國正有從輕量刑的可能。

□

五天後的三月廿八日，和解的進度急轉直下。

李國正的爸爸中午十二點左右直接打電話到阿哲家裡，態度相當和緩地說願意以廿萬和解；希望家屬當天晚上下高雄洽談。面對突然的轉變，阿哲一家人反倒擔心到了高雄會發生什麼事誰也不知道，六神無主之下再度求助黃媽媽協調是否能在營區內協調簽立和解書，經部隊政戰處長聯繫後得知，因為李國正家屬不希望軍方任何人再介入此事而作罷。

在黃媽媽臨時也抽不身的情況下，這個難得的和解機會就這麼擱著……。

直到晚上九點，李國正的爸爸又焦急來電表示希望能約在台中高鐵站內的咖啡店碰面談和解，掛上電話之後就搭車北上。

「黃媽媽，我們已經和李國正和解了。他的和解書內容有一條是：經和解後不得再有任何民、刑事求償，也要撤銷刑事告訴。我們本來想說如果真要下高雄談判，那廿萬也不要了；不過，他們的態度一百八十度轉變，光是今天就打了六、七通電話表示希望和解。」

※

有人常說，軍中是「法制紀律的邊境，公理正義到不了的地方」；所謂的「邊境」並非沒有法制紀律，而是有自己的執法者與執法標準，任何軍紀案件可懲可免，儼然是自成一格的境地。

「這個案子，最該檢討的還是軍方。案件明明發生在營區內，卻左閃右躲，企圖逃避責任而不願正視處理，這種推諉心態最不可取。」黃媽媽接著說：「這個輔導長也該懲處。軍隊都希望阿兵哥相信輔導長，把心裡話說出來，讓心理輔導工作得以落實；但這個案子裡的輔導長卻還把個案隱私都洩露出去，造成二度傷害，這種人根本不適任諮商工作。」

案件發生隔年的農曆春節前夕，阿哲的爸爸來了通電話，黃媽媽原以為是家屬感謝的拜年問候。

「黃媽媽，阿哲拿到廿萬後很快就花光了，現在只要情緒不穩定就會割手自殘，搞得手上都是割傷。能不能請妳幫忙協調軍醫院，讓阿哲接受精神科的治療？」

停役後的阿哲自然無法使用軍方醫療資源，這點黃媽媽表明愛莫能助，從此就再沒接到阿哲家人的電話；李國正接受軍法公訴審判服完刑期後便回到南台灣的某鄉鎮，持續投入在地數位關懷推動學習計畫。

黃媽媽說，過去軍方對於性別議題向來感到頭痛棘手，一來沒有經驗，二來就是能閃就閃的心態。

「現在多元社會發展，軍中同性間感情問題也慢慢檯面化，我總希望藉由這起案件提醒家長和軍方，若是發現自己的子弟（女）兵是同志時，能以更大的包容心去理解和陪伴；視而不見或一味壓抑絕對無法讓情感找到合理的出口。」

第13通 屆退回役兵毆打凌虐案

「黃媽媽、黃媽媽，部隊裡有人檢舉一位屆退老兵嚴重凌虐新兵的案件，妳趕快想辦法到部隊裡救人，否則要出人命了。」

八月九日晚間近十一點左右，黃媽媽接到一通求救電話，來電的不是當事人，也不是部隊內的眼線，而是一名黃姓資深軍事記者。

根據這位資深軍事記者轉述，士兵郭正澔在智能上有些許障礙，反應略顯遲緩，說起話來也結結巴巴，剛下部隊不久就遭到即將退伍的回役老兵阿福凌虐。部隊裡的排長、副排長及保防官都知悉案情卻隱匿不報；當記者打電話想通報正澔嘉義布袋的老家時，正澔父母都不在，而么妹則以為是不法集團的詐騙電話就直接掛斷了。

□

時間：二〇〇五年八月

單位：中區後備司令部

事件：屆退回役老兵毆打、凌虐新兵案

當晚接到求救電話後，黃媽媽沒有任何遲疑，立刻搭乘夜車南下台中。

翌日清晨六點卅分，黃媽媽準時出現在後備司令部大門口，當下以電話告知國防部欲入內詳查此案；但由於黃姓軍事記者當天被指派採訪「台北國際航大科技暨國防工業展」，並未一同南下，而是由台中在地的李姓記者陪同進入營區。

根據所掌握的情資，八月七日（週日）晚間八時，上兵阿福發現正澔在營區內違規抽菸，便把他叫到人煙稀少的地方，以四張報紙包裹住蚊帳桿將他痛毆、抽打三百多下，導致正澔雙腳不良於行；之後又由兩位弟兄架住正澔的腋下，朝著他身上射飛鏢。

「射飛鏢？」在場的參謀長驚訝地表示「不可能，這絕對不可能，部隊都一再宣導不得有不當管教的情事，更何況是出手管教的還不是幹部。」

有吸毒前科的正澔曾逃兵廿一天，七月間才從高雄軍事監獄服刑完畢，回役後分發到單位；因此，楊姓政戰主任也百思不解地說：就因為是回役兵，加上正澔在言語行動表達上有些遲緩，部隊幹部對他一直特別關注。不久前，正澔放假時在營外喝酒，打電話回部隊表示不願收假歸營，正澔的父親甚至要求部隊管制其休假。更耐人尋味的是，就在凌虐事件發生後一天，幹部也找過正澔聊聊，但他隻字未提遭到老兵欺負。

施虐的阿福從小身長在單親家庭，也是有前科的回役兵，在部隊裡重視榮譽感、自我要求高，大多數的時間表現也都非常良好；在母親眼中更是個聽話孝順的孩子。當年海棠颱風來襲造成全台高達八十四億元農漁牧損失，阿福家位於台中縣山上的果園損失極為慘重，部隊原本還想幫他募款重建，但阿福卻堅持憑一己之力復建，婉謝了部隊長官的好意。

為了釐清真相，黃媽媽決定找正澔問個明白。

說話慢吞吞的正澔，一開始還極力否認遭到毆打、凌虐，直到當黃媽媽要求正澔起身走走，在場的人都發覺到他行動不便，似乎有傷在身；於是正澔便被帶往獨立空間隔離檢查。

「大腿內側有四十至五十處被尖銳物刺傷的痕跡，就像是全身過敏起了疹子一樣，兩邊的臀部一直延伸到小腿更是布滿著瘀傷。」李姓記者說，傷勢嚴重慘不忍睹。

面對黃媽媽和部隊長官的一再追問，再一個星期就要退伍的阿福終於坦承：「對，人就是我打的！正澔常常不守軍紀，又在營區內喝酒屢勸不聽，還不時裝瘋賣傻，所以當天發現他違規抽菸後就出手教訓他。」

阿福答話的態度桀傲不遜，還一副理直氣壯的模樣，完全無視於政戰主任和參謀長的存在。聽完阿福的辯解後，滿臉無光的政戰主任大聲怒斥：「你是要告訴我，你這樣做是對的嗎？不管誰違反紀律，打人就是不對，你給我站好！」阿福立刻雙手貼緊褲縫立正站好，現場頓時鴉雀無聲。

□

阿福的母親經部隊通知特別從家中趕來。得知自己的兒子犯下大錯，她雙眼泛著淚光，趨前握著正澔的手不停地鞠躬道歉，一旁的阿福低頭沉默不語。黃媽媽則要求中區司令部監察官到場製作筆錄，中部軍事檢察署主任檢察官也帶領檢察官到場調查，並依違反《陸海空軍刑法》將阿福移送軍事法院偵辦。正澔被帶往軍醫院驗傷後，一行人又匆匆南下嘉義布袋正澔家中。

為了展現和解誠意，阿福母親看到正澔家屬後立刻遞上一萬元的慰問金，雙方在里長的見證下簽署和解書，同時承諾正澔的傷勢若有任何後遺症都願意負責到底。

這個案件算是水落石出就此落幕，不過，既然是媒體記者接受陳情密報，報社自然要露出報導，對陳情民眾有所回應。部隊幹部以及阿福母親表態不希望阿福施虐行徑見報自然可以理解，正澔的母親也打電話給黃姓記者說明原委，希望不要讓正澔受到二次傷害。

黃媽媽在部隊的請託下一而再、再而三試圖疏通，反而讓報社不堪其擾。原本報社還因為版面稿擠不致隔日刊登見報，但是晚間編採會議討論時，認為加害者家屬息事寧人的心態不可取，加上軍方竟自行發布新聞稿澄清並無此事，讓報社高層相當不滿，下令報社記者不得接受關說，搞得黃姓、李姓記者兩面不是人。

八月十二日的報紙上斗大的標題刊登：

「新兵抽菸遭老鳥狂毆　全身瘀傷　施暴者母押子致歉」

□

新兵因為抽菸遭老兵狂毆、凌虐事件被報導後的隔兩天，阿福役期屆滿退伍，但因犯行確鑿仍遭中部軍事檢察署起訴並接受軍法調查；至於正澔的母親則透過電話向黃媽媽訴苦：

「正澔打電話回家說身體很痛，我很擔心他是不是有內傷？而大兒子也一直怪罪我為何隨便跟對方簽和解書？現在根本找不到人負責。我實在不知該如何處理。」

同樣身為母親，黃媽媽除了盡力安撫外，也協調軍方提供必要的醫療資源徹底檢查，若真有什麼內傷需要診治，恐怕還是得找到阿福的母親出面支付費用。檢查的結果令家屬憂喜參半。正澔確實只有皮肉外傷，沒有骨折也沒有內出血跡象；不過，軍醫院檢驗判定正澔仍然不符停役標準，必須乖乖服完剩下的役期……。

隔年七月，正澔終於從菜鳥熬成老鳥，但屆退之際卻又傳出被打的消息，這回出手的已經不是單位裡的「老兵」，而是排長。當時部隊剛辦完教召訓練回到指揮部整備軍備，所有弟兄將靶槍從一樓吊掛上三樓時，正澔疑似不服任務指派出言挑釁幹部，而與林姓排長發生口角，最終被排長壓在地上當眾毆打，為此排長遭記一支申誡處分。

其實，正澔從小就因為肩傷造成習慣性脫臼，原本經體格檢查可以免服兵役，只是軍醫判定習慣性脫臼的情況並不嚴重，因此未予驗退，讓正澔硬是在軍旅走了一遭。

為了打聽那個當年遭凌虐的正澔近況如何，黃媽媽從陳舊的手抄電話本中翻找出正澔家裡的電話；電話接通的那一剎那，彼此有說有笑好不熱絡。但寒喧之後的談話內容卻讓黃媽媽潸然淚下。

原來，退伍後返回到嘉義布袋的正澔變得性情怪異，經常與家人起爭執。經過長輩的介紹，才好不容易在當地找到一份配送雞蛋隨車員的工作，卻在某天清晨，騎著機車上班途中連人帶車被強風吹倒掉落魚塭不幸溺斃淹死，令人唏噓。

第14通 女士官遭性騷擾案

「黃媽媽您好，我是隸屬國防部基層單位的一名女士官，因爲眞的求助無門了，只能把希望放在您的身上，目前我已留職停薪中……。」

二〇一三年十二月廿二日傍晚，黃媽媽收到一封主旨為「可以幫幫我嗎？」的電子郵件。

「怎麼又是兩性問題？在部隊裡，女性永遠是弱者。」在細細讀完李潔的信件後，黃媽媽概略知道同單位的男性軍官如何騷擾女同事，以及部隊離譜的處理行徑，回電願意積極介入協助調查。

□

時間：二〇一一年三月〇日

地點：防空飛彈指揮部〇〇〇營〇連

事件：違反兩性平權涉嫌性騷擾且利用職權報復

「李潔，我已經請國防部協助調查妳所提供的那些人的違紀事件，到時，長官會約談妳，如果需要我陪同，妳可以找我。」

「黃媽媽，妳願意陪我？如果是這樣那真是太好了。」

「沒問題，在台北也很近，到時候妳就好好陳訴。」

一開始在〇〇訓練中心服役時，李潔就遭遇到單位主管劉姓上校科長性騷擾，但因為剛下部隊心生畏懼也不知該如何處理，因此選擇隱忍。有一次劉姓上校趁機觸摸李潔的身體，李潔在驚慌之餘向當時同為女性的士官督導長反應；沒想到這位女性士官督導長在檯面上極盡安慰，轉過身卻在檯面下對劉姓上校說：別擔心，我已經都安撫好了，不會有事的。

某天晚上，劉姓上校喝醉酒後打電話給李潔說出實情，李潔才恍然大悟自己竟被同為女性的士官督導長出賣了，心情十分低落，對於這位士官督導長虛應敷衍的做法十分不諒解，但礙於家中經濟考量只好繼續忍下去。沒想到，單位裡這位女性士官督導長私下與劉姓上校交好，因為不滿劉姓上校刻意接近李潔，久而久之對李潔也心生怨妒。有一次藉著上級視察的藉口，士官督導長調整李潔原先排定的休假，硬是將李潔留在營區內，結果，一整天下來根本沒有上級單位視察；傍晚家裡傳來噩耗，李潔的母親在裝修房子時發生意外被壓成重傷不治。自責、難過之餘，李潔告訴自己：絕對不能再容忍。

之後，李潔調任現職，卻常受到同單位陳姓上士具性暗示的言語騷擾。

在李潔心中，這位陳姓上士是位不學無術的學長，每天都躲在寢室裡睡覺、找菜鳥學弟閒嗑牙打屁，不然就是請假差勤出去遛躂，買些吃的、喝的討好長官和其他士官長。就算向連長反應，連長也都只是以安撫的口吻說「沒關係，反正他快退伍了，不要這麼計較！」

單位營輔導長則每天睡到下午才起床，起床後就對伙房兵頤指氣使要求準備吃的。指揮部監察官曾經接獲線報到部隊調查，之後竟然對著李潔說：「睡到下午又沒什麼，營輔導長就是因為愛睡覺才會來飛彈部隊啊！」李潔不是沒有想過直接找營長反應，只是營長室內宮廟熏香煙霧繚繞不說，四周牆面更是貼滿了八卦符咒，簡直就是個道場，任誰都不會想接近營長室一步。

二〇一二年十一月七日，李潔向營長告發陳姓上士的變態行徑，但一直等不到相關權責單位前來調查，就算去向營輔導長詢問案件進度，也只得到「案子已經呈上去了，沒有我的事，妳自己去問上面」的回應。

李潔心想：一群長官聯合起來只是想把性騷擾案壓下去，實在令人傷透了心，偏偏自己具有軍人身分不能按鈴申告，逼得自己好幾次都想申請退伍；部隊裡真正腳踏實地努力的人每天都得忍受一張張醜陋的臉孔，也難怪外界對部隊軍紀總是罵聲不斷。

□

兩個月之後，營部找來兩個「偽證」，證明陳姓上士的「清白」。

「黃媽媽，前來調查的人員只想大事化小、小事化無，根本不採信我的證詞，卻聽信陳姓上士和那兩個偽證說法；我曾經氣不過地問其中一位偽證（女性副排長），當天明明不在場，為什麼要做偽證？沒想到她竟然回：我也不知道啊，監察官又沒說清楚是哪一天。我心裡真的很難過，當然也知道這應該是上級指揮官的意思。」

這起性騷擾案件的調查最後拖了半年之久，直到當事人陳姓上士退伍後，指揮部才將審判書寄達，就算李潔對內容有異議也無法提出申覆。李潔曾經撥打「1985」（國軍人員申訴專線）以及向權保會（國軍官兵權益保障委員會）申訴，然而這樣的舉動讓部隊長官相當不能諒解。甚至有一次部隊指揮官視導時還說「有沒有很後悔去申訴？」「如果對方不是傷害到自己的生命，能忍就應該忍。」

被李潔告發的幾位幹部，也趁機挾怨報復、舊案重提，向上級申訴李潔執勤衛哨失職。

原來之前李潔「外散宿」（註）期間被安排一班衛哨，但因為獲准離營在先、被安排衛哨在後，離開營區的李潔根本不知何時被排了衛哨，於是以怠忽職守被記了兩支申誡；經過申覆後，已經改為言詞申誡確認；卻因為陳姓上士不滿上級懲處不公，揚言要向《蘋果日報》爆料，於是人評會一開再開，共開了五次之多，有時候甚至開到深夜十二點，那時李潔已懷有六個月的身孕；就連坐月子期間也被召回出席人評會。

二〇一四年四月十九日，李潔難掩心中的激動情緒打了通電話給黃媽媽，覺得自己獲得了空前的勝利。

「黃媽媽，我接到了『權保會』的來函，我的處分被撤銷了！之前一直想尋死一了百了，沒有想到會盼到這樣的結果，真的很感謝妳。」

□

又有一次營區因高壓電變電箱故障導致停電，才剛坐完月子不久的李潔被召回進行體能鑑測，之後就發生身體發燒不適的現象；原本想至醫護室休息，不料醫護室上鎖管制，於是向呂姓士官長報備後，獲准至辦公室內使用電風扇，並於地板上鋪椰床墊休息，呂姓士官長則在寢室內就寢（經查辦公室與士官長寢室仍有一道門阻隔）。晚間廿三時四十五分，蔡姓上尉副連長發現李潔在辦公室內休息，未加以制止勸離，但事後又以「查獲李潔夜宿呂姓士官長辦公室地板，違反國軍人員性騷擾處理實施規定」為由，核予記過一次處分。

李潔說，當時全營區只有三長（連長、副連長、輔導長）以及士官長辦公室插座有電，因此才借用辦公室的電風扇散熱，最後卻被說成是「共處一室」遭懲處。嚥不下這口氣的李潔向「權保會」申訴，「權保會」重新調查後認為：士官長辦公室和寢室均有設置獨立大門，蔡姓副連長查鋪時發現李潔在辦公室內打地鋪睡覺，辦公室門並未關上。

「國防部政治作戰局官兵權益保障會」經過四次的審議會議後認為：

「兩人行為是否構成異性獨處一室即有疑義；另本案並非性騷擾案件，卻引用『國軍人員性騷擾處理實施規定』懲處申請人亦不無疑義；本案申請人係經士官督導長同意後進入辦公室使用電風扇及休息，期間該管副主官即副連長進行查鋪時發覺，未加以制止勸離；再者申請人係求助方，實因幹部處置失當，使其於連士官長室外側辦公室休息而肇生本案，惟單位仍核予求助人記過懲罰。是否可將故意或過失責任歸責於申請人即不無疑義，進而核予申請人記過乙次處分尚有考量空間。」

「黃媽媽，我又有一個懲處被取消了。當初他們記我二支申誡，我申訴之後原本改為言詞申誡；但他們變來變去最後又改為記過一支。連長和輔導長都跟我說是按照程序規定，找『權保會』申訴也沒有用。更可惡的是，在我剖腹生產坐月子期間還未滿三個月時，他們就把我召回做體能鑑測，當時我得用很多繃帶纏住腹部，後來纏繃帶的地方還發炎長出汗疱。黃媽媽，那時的我一直想自殺，現在終於挺過來了，真的是謝謝妳！」

二〇一四年的八月初，李潔再次收到「權保會」的審議結果通知，趕緊向黃媽媽回報這個好消息，電話裡更是欣奮得難以言喻；然而這個遲來的結果卻在案件發生一年後才盼到，期間李潔在部隊飽受身心折磨無人能夠體會。一直以來，黃媽媽把李潔當成自己的女兒一般關心著，在得知每個案件都得到平反時，黃媽媽比誰都還高興；她更希望在軍中服役的女性士官兵如果遇到類似的情況要勇於檢控，才能遏止軍隊裡利用職權報復的情事，建立起「兩性平權」的觀念。

年底，李潔帶著不滿周歲的孩子探望黃媽媽，親自感謝她適時行俠仗義，成為她人生遇到低潮時最大的支撐力量，否則真不知如何獨自面對。結束留職停薪重新回到部隊的李潔，被安排負責人員招募的工作，但部隊主官比之前好得太多，縱使工作很累，心裡頭是輕鬆自在的。

註、「外散宿」僅限於志願役，其中又分為「外散」及「外宿」兩種。「外散」是指國軍弟兄在沒有特殊任務（如值星、受訓、下基地等）的情況下，下午五點過後即可離營，但必須在午夜零時前歸隊。

第15通 借貸未還劫殺同袍案

「他們都是我哥在軍中的好弟兄，竟因爲不想還錢把哥哥殺了，實在令人心寒。」

來電申訴的是遭同袍重擊死亡的士官健翔的妹妹。

「黃媽媽，原本軍方說一定會把哥哥的後事辦得隆重，也會全額負擔一切喪葬費以及靈骨塔十年管理費；現在卻以我們將哥哥的遺體放得太久、金額過高而不願意幫忙。我們也找過立委協助爭取，但是卻始終得不到滿意的答覆，家中經濟狀況實在走投無路了，請您幫我們申冤啊。」

□

時間：一九九九年七月廿二日

單位：陸軍步兵第○師支援營主支援連

事件：士官為錢財劫殺同袍，卻挾怨誣告軍官使其遭受冤獄迫害

陸軍步兵第○師支援營主支援連中士修護士邱顯榮（志願役），入伍前曾因竊盜案，經台灣台南地方法院判處拘役卅天、緩刑二年，於一九九七年十二月廿七日緩刑期滿。入伍後，一九九九年五月十六日向連上中士陳健翔（志願役）商借三千元，但因為健翔沒空提領，於是將提款卡及密碼交給顯榮自行提領。顯榮卻趁著休假外出，分別在官田營區及附近郵局共提領四次、十六萬元。回到營區後才告知健翔，並且承諾會以每個月一萬元的方式分次歸還。

一個月之後的六月廿九日，健翔四年半的志願役期屆滿退伍，而顯榮也確實依約在七月六日歸還一萬元；但因為健翔家人不斷質問十六萬元著落，於是在七月十六日打電話到營區向顯榮催討，否則將告知連上長官處置。七月廿日邱顯榮休假離營，與健翔相約

隔天（廿一日）晚上碰面還錢。

七月廿二日早晨七點五十分左右，農田水利會安溪工作站人員巡查時在制水閘發現健翔遺體。

健翔的妹妹回憶：當天晚上哥哥和軍中學弟（即邱顯榮）出去之後，一整夜都沒有任何消息，過了兩天，才在報紙上看到一則「無名屍遭棄置水圳」的新聞；帶著忐忑不安的心情前往警局求證，沒想到看到的竟是哥哥冰冷的遺體。七月廿三日，警方聲稱抓到殺死哥哥的嫌犯，「四個嫌犯」都是哥哥的軍中同袍，其中一位還是排長。

廿四日凌晨，邱顯榮被警方追查到案時供稱：

「排長黃新富在寢室找大家商議坑騙陳健翔的存款，指示我佯裝還錢並誆誘陳健翔帶提款卡、存摺、印章，取得信任後再去租車接人；廿二日零點，我在隆田火車站和黃新富排長碰面，排長身著綠色短褲、迷彩內衣赴約，另外又約定凌晨三點到營區門口載宋學成、黃村雄等人，當時已經快四點了。

和陳健翔碰頭後，排長直接要他交出提款卡等文件資料，結果陳健翔不從，宋學成就猛力出拳毆打陳健翔頭部。排長示意我與黃村雄拉住陳健翔的雙手，然後就用榔頭重擊陳健翔左邊太陽穴，等到他倒下後，又繼續敲擊頭部四、五下，直到無力反抗。

我們幾個將他抬到後行李廂，準備開車離開；沒想到，一開到大馬路上就聽到陳健翔不斷掙扎地敲打後車廂。排長黃新富怕事件張揚，提議要殺死陳健翔，於是把車子開回原來的地方，並將他拉下車後由宋學成持三角鐵猛力敲打頭部，這時候排長一個人抬著他的腳至水圳邊，以頭下腳上的姿勢將他的頭浸在水圳裡約一至兩分鐘打算淹死他。直到陳健翔不再掙扎也沒有呼吸後，再合力抬往另一端水圳棄屍。

作案用的白色麻布手套（四個人犯案都穿戴）、榔頭都是排長提供的；宋學成則是從頭到尾手持三角鐵。」

□

四位現役軍人共同策劃犯下殺人案，轟動台灣社會。

除了邱顯榮遭到收押外，三位被指控涉案的黃新富、宋學成、黃村雄也隨即被警方鎖定拘提到案說明。

黃新富、宋學成兩人強調案發當天（廿二日）根本沒有休假，案發當時分別在連上的中山室與寢室和同袍弟兄聊天，直到凌晨一點多才回寢室睡覺；同寢室的弟兄都可以作證。至於黃村雄則表示廿一日十八時和同連弟兄休假，廿二日零時（即推估陳健翔死亡時間）和楊姓女友及其同事到嘉義市好樂迪KTV唱歌，直到凌晨四點多才結束。

然而當同寢室弟兄（除同寢室另一排長外，連長、連輔導長也陪同作證）至分局刑事組作證說明時，刑事組長不但沒有理會、採信，甚至「當場怒言相向說：如果你沒有涉案的話，我（吳○○）名字倒過來寫！」

同時也「向黃村雄的母親怒斥：妳快沒兒子了，叫妳兒子趕快認罪，否則一顆子彈就要妳兒子的命！」又向宋學成說「你如果還可以回來（離開獄所）的話，我辭職給你看！」

但軍檢、憲調人員調查發現，邱顯榮前後兩次筆錄說法有出入，不僅當天與其他涉案人之間沒有電話通聯紀錄，犯案行凶方式及死亡時間也兜不攏；深入營區進一步追查後，又發現對邱顯榮極為不利的事證。原來，邱顯榮緩刑期滿回役入伍後，因為嗜賭電玩積欠不少債務，先後向十八位同袍弟兄借錢，金額從幾百元到六、七萬，甚至十多萬元不等；部分弟兄透露，邱顯榮多半是趁人不備時用偷的，一旦被當事人發現才簽下借據，改口是用「借」的，並聲稱會連本帶利一併歸還。如今邱顯榮所簽具的借條、單據，與同袍私下金錢往來明細全曝了光，才發現部隊裡借貸情形嚴重到讓弟兄不勝其擾，單位幹部卻視而不見未及時處置，日後醞釀出一場殺人命案。

為求慎重起見，全案也移請法務部調查局對涉案四人實施測謊、刑事警察局兩名偵查員南下協助偵查、法醫室主任石台平則親自操刀解剖死者遺體。結果發現，陳健翔頭、額的六處傷痕全都屬鐵鎚造成，並沒有其他凶器（三角鐵）存在的可能；此外，從死者胃中留有未消化的飯粒，推斷死亡時間是廿二日凌晨零時前後，並非邱顯榮所稱四點廿分。黃新富、宋學成、黃村雄遭關押軍事看守所卅九天後，終於在刑事警察局、軍事檢察署、台南地檢署、新營憲兵隊等單位抽絲剝繭的科學辦案下洗刷冤屈。

□

「七月廿日休假離營後，與健翔相約隔天（廿一日）碰面還錢，之後租了一輛小客車，再繞到隆田火車站附近五金行買一支鐵鎚及一副麻布手套。晚間九點多，在台南東山鄉東原國小附近接到健翔，誆騙要以轉帳方式歸還所欠債務，為了確認是否轉帳成功，希望他回家拿提款卡及郵局存簿。健翔不疑有詐，便又返回家中拿取存款簿、提款卡。

隨後佯稱自己要回家拿提款卡，於是載著健翔在新營、西港、麻豆一帶閒逛，直到隔天（廿二日）凌晨，兩人在台南新營市一處偏僻的灌溉制水閘口就債務問題談判。

除了要求健翔交出存摺及提款卡，同時質疑明明雙方談妥歸還方式，為何苦苦相逼急於催討？健翔則以家人亟需用錢，並聲稱若不歸還，家人就會向部隊幹部反應移送法辦。情急之下，即以預藏的鐵鎚重擊健翔頭部太陽穴，健翔應聲倒地後又繼續敲擊頭、額等處，隨即將他抱到汽車後車廂。但車行沒多久，因為健翔不斷敲打後車廂，於是又將他拖出車外，再以鐵鎚敲擊頭部，導致健翔左顳骨、頂骨、左眼眶骨、左額骨凹陷骨折。等到確認健翔死亡後，自口袋取出存簿（但未尋獲印章及提款卡）燒掉，並將屍體棄置在制水閘口後逃逸。」

邱顯榮向檢方坦承，是因為排長黃新富平常管教太過嚴苛，去年底甚至向上級舉發不當借貸情形嚴重，慘遭關禁閉一個月，並列為重點輔導對象，早就想找機會挾怨報復。

一九九九年九月八日，陸軍第十軍團司令部軍事檢察官認定：行凶兇器無鐵鎚以外之物，復查無其他積極證據足資證明被告犯罪，彼等犯罪嫌疑顯屬不足。對被指控涉案的三位現役軍士官做出不起訴處分。

隔日（九月九日），另以「強劫殺人罪，到案後誣陷三人，觸犯刑法第一百六十九條誣告罪」起訴邱顯榮；起訴書中，軍事檢察官認為：邱嫌殘酷兇狠、事後又誣陷軍中同袍毫無悔意，所為已嚴重危害社會治安，顯有與社會永久隔離之必要，爰依法量處極刑（死刑），以儆傚尤。並於十月廿五日召開地方軍事法院調查庭，調查、釐清邱嫌殺人相關事證。

□

「邱顯榮在軍中已有多次向同袍及地下錢莊借貸的前科，軍方早已知情，卻仍未處理，他在軍中持續借貸才導致整件悲劇發生；軍方非但脫不了管教不當的責任，更有縱容屬下為禍的過失，軍紀渙散致此地步令人不敢苟同。」

台南地方軍事法院調查庭召開前夕的十月廿四日，陳健翔家屬在Y立委的陪同下，帶著健翔遺照到營區門口抬棺抗議，向軍方提出「血淚的控訴」；白布條上斗大的字寫著：「軍方殺我兒子，還我公道」、「軍方推卸責任，欺騙家屬」，希望軍方展現誠意，妥善處理善後撫卹事宜。

更令家屬不滿的是，「邱顯榮在接受警方訊問時，曾指證歷歷，涉案者不止他一人，但此案在交由軍方處理後竟只有一人犯案，並且認定這是邱顯榮個人行為，與軍方無關，這明顯就是推諉的行為；不敢承認己錯在先，又粉飾太平懦弱在後，實在令人對軍方做事方法嗤之以鼻。」

為防衝突意外發生，麻豆警分局以及憲兵司令部出動大批武裝憲警人員維持現場秩序，Y 立委也要求軍方必須負起管教不當責任，軍團司令應該出面與家屬直接協調，給家屬具體而完無的撫卹。不過，當天「軍方藉口震災派出低層級軍官接見委員及民眾，否認任何協調承諾，雙方談判破裂」。（「軍紀與人權探討公聽會」1999.10.28）

□

健翔家屬期盼軍方能給予必要的喪葬協助和撫卹，無奈的是，聯勤司令部留守業務署函覆，因為陳健翔遇害時已經退伍，本身既不具軍人身分，礙難辦理撫卹，僅能獲得些許慰問金。除了士官陳健翔家屬向黃媽媽求助，該案被誣告為主謀的軍官黃新富排長在確定不起訴後也向黃媽媽指控新營分局刑事組長。

七月廿四日凌晨，新營分局刑事組在偵訊邱顯榮後，得知另有三名軍士官涉案，於是逕自發布新聞稿宣告偵破「四位軍人結夥強盜、殺人及棄屍案」。

黃新富指控刑事組偵辦此案時罔顧人權、草菅人命，僅憑坦承殺人的邱顯榮一人的指證筆錄即將無辜的三位軍士官一併以強盜故意殺之唯一死刑罪名移送法辦，並立即遭軍事法庭羈押長達卅九天。在軍事看守所關押期間，戒護士不時以三字經問候，且常常罵身為軍官的黃新富根本是「爛東西」，理髮時還將他的頭強壓入垃圾桶內，給予極不人道的待遇。

「黃媽媽，新營分局刑事組為了搶功，偵辦案件過程草率、出言狂妄不遜，使得軍士官人權受損，對無辜受冤枉軍士官的名譽，以及三名軍士官家屬精神上所造成的嚴重傷害，已無法彌補！新營分局應坦然面對錯誤，公開向國軍、三名軍士官及家屬道歉。」

在黃媽媽的協助下，黃新富聲請冤獄賠償，不過當時司法院尚未完成《冤獄賠償法修正草案》，軍人仍被排除在冤獄賠償範圍之外，因此遭到國防部軍法局駁回，理由即是

「冤獄賠償法條由法務部主管，非屬本部業管，其適用範圍以依刑事訴訟法令受理之案件為限。來函所稱遭軍事檢察官羈押三十九天，係依軍事審判法受理之軍法案件，目前尚無冤獄賠償之適用。」（註）

沮喪之餘，黃新富、宋學成、黃村雄等三人轉而向台南縣警局請求國家賠償，終於在隔年（二〇〇〇年）九月廿六日，台南地方法院以「台南縣警方製作案情摘要發給媒體，違反偵查不公開原則」的理由，判決台南縣警局應賠償被指涉案的黃新富四十萬元，其餘兩人則各賠廿五萬元，全案不得上訴。

最終邱顯榮遭最高法院刑事判決死刑定讞、褫奪公權終身，並於二〇〇一年九月廿日伏法。令黃媽媽不捨與遺憾的是，獲不起訴處分的黃新富被指涉案初期就被片面取消國軍楷模榮譽，無罪釋放後性情丕變、悲觀且抑鬱寡歡，幾度休假出國散心也不見明顯好轉。陳健翔遭同袍劫殺的十年後（二〇一〇年），黃新富因病早逝。

註、一九五九年（民國四十八年）九月一日《冤獄賠償法》施行後，國家對犯罪案件實施刑事程序致人民身體自由、生命或財產權遭受損害者，得請求國家賠償；但是依立法者明示之適用範圍及立法計畫，僅限於司法機關依刑事訴訟法令受理案件，未包括軍事機關依軍事審判法令受理案件。換句話說，所謂的冤獄賠償始終將「因軍事審判遭受冤獄」的人民排除在外，而無法向國家請求賠償。

直到二〇〇七年四月廿七日司法院大法官會議作出「釋字第六二四號解釋」指出，《冤獄賠償法》規定不符合平等原則，明顯抵觸憲法，各方才開始著手修法彌補缺憾。兩個月後的六月十四日，冤獄賠償法經修法後，在第一條明定：「依刑事訴訟法、軍事審判法、少年事件處理法或檢肅流氓條例受理之案件，……受害人得依本法請求國家賠償」，正式將「因軍事審判遭受冤獄」的人民納入賠償範圍。然而，在修法完備之前，早已有不少軍士官兵因受軍事不當審判導致身體自由、財產遭受侵害，甚至生命受到威脅、亡故，即使遭受冤獄或不平等對待也求助無門。

第16通

屆退少校自縊跳樓案

「黃媽媽，我先生出事了！但是他再一個月就要退伍了，我們家屬認爲死因疑點重重，甚至懷疑是不是遭到事後加工？」

電話那頭微弱而顫顫的聲音，她是政興的妻子小薔。

「現場還採集到其他人的鞋印，感覺上也有別人在現場；但鑑識中心與軍方卻不比對調查，被用來自縊的繩子也沒有扣押留做證據。部隊試圖想隱瞞什麼嗎？他們有可能引導辦案方向嗎？」

□

時間：二〇〇五年六月十五日

單位：台北後備司令部

事件：少校人事官自縊墜樓身亡，死因疑點重重

夫妻感情和睦、育有三個稚齡子女的政興，婚後總希望能有多一點時陪伴家人、侍奉年邁的母親，終於在調任新職不久後決定申請提前退役。

提到政興的處事為人，無論是主管、部屬每個人都會豎起大姆指稱讚不已。不過，履新的這三個月來，政興因為「業務承辦公文延誤」，常被司令與參謀長責備，不但被連記廿次申誡（累計兩大過兩申誡），時不時還被叫到辦公室罵。轉念想想，下個月就可以恢復自由身，距離夫妻兩人規畫物色一個農莊過著悠閒生活的夢想也不遠了。

說起單位裡的李司令在辦公室飆罵起人來，怕是連隔壁大樓都聽得到，絲毫不給當事人留任何情面；這一天中午十二點十分，政興因為「國防大學陸軍學院研究班送訓」案件，未確實詢問符合資格人員意願即簽結，被司令叫到辦公室訓斥十分鐘，甚至放話「若

影響他人權益，當事人可以提出告訴，到時就送你法辦」。

走回辦公室十二點卅八分左右，政興新增一個「你為什麼要這樣逼我」檔案夾。

「我是哪裡做錯，爲何你出辭咄咄，要逼人絕路呢？

天都無絕人之路，爲何你卻背天行事呢？我都已經打報告退伍了，還要法辦我！

你是詞窮，還是行事風格呢？我不願再爲你服務了，我不願再爲你賣命了，我不願再爲你工作了，你是否爲此惱羞成怒？

存心不善之人，爲君必爲暴君，爲臣必爲孽臣！

你一定不是，否則又怎能升爲國軍將領，那一定是利慾薰心，生了將官，讓你昏了頭，找回你的本性吧！願主保佑你。」

午休過後，參謀長打算找政興討論公文後續，卻發現辦公室、寢室都不見人影，於是營區動員人力尋找。此時，李姓司令反倒是直接打了通電話給政興遠在花蓮的大哥說：

「政興失蹤了。」

□

發現時間：六月十五日下午兩點卅分

案發地點：台北市後備司令部聯誼中心西側冷卻水塔之間

死者：台北後備司令部人事後勤科少校吳政興

最後被人發現時間：中午十二點五十分

推估死亡時間：下午一點至兩點間

死亡原因：窒息死、上吊自縊

死亡方式：自殺

事發三個多小時後的傍晚五點五十分，「國防部憲兵司令部刑事鑑識中心」抵達現場勘查，並在晚間八點卅分相驗遺體。

「遺體呈現彎曲姿勢、右側倒臥陳屍於水泥地上，有一繩索縊於死者頸部；聯誼中心頂樓週遭未發現打鬥痕跡及其他拖曳或滴落血跡。現場雖未發現可疑跡證，但是採獲鞋印類跡證一件，經與死者所穿皮鞋拓印紋進行比對，鞋底紋路及大小不符。」

根據現場勘查，政興應是在頸部套上繩子後一躍而下，繩索斷裂後才摔落冷卻水塔間。頂樓牆邊則留下「我願大體捐贈」的潦草字跡。

七月九日上午，軍方在花蓮縣後備司令部召開家屬座談會。

黃媽媽代表家屬提出綜整性的疑點：墜樓現場門鎖曾遭破壞，軍方為何未採集門鎖上的指紋僅拍照存證？既是上吊，童軍繩上為何沒有血跡及血肉；牆上以石頭刻劃的「我願大體捐贈」字跡，為何無法與當事人字跡比對？現場不屬於死者的軍用皮鞋印，為何不追查來源卻僅拍照留證？部隊在午休結束後廿分鐘就動員找人，意圖為何？當下司令不合常理地直接打電話給家中大哥尋人，是否早就知道意外發生而欲蓋彌彰？家屬則是提出三點要求：提出疑點，要求軍事檢察官深入調查參考；由家屬指定法醫進行第二次勘驗；重新回到現場進行勘查。

七月十九日，另一份「國防部高等軍事法院檢察署國軍法醫中心鑑定書」出爐。

「頸部柔軟有一條U型、長度約卅六公分之環頸索溝痕……，但無明顯手指壓跡。經細部解剖發現，頸部之傷害爲機械性壓迫性傷害，咽喉部因強大外力壓迫後塌陷，隨即阻塞氣道，因而導致窒息死亡。

「法醫學觀點和意見：死者雖然高處墜落之事實，但並非因墜落時所產生的身體傷害致死。死者無明顯自殺前趨傾向，自縊應肇因於突發性外來壓力，導致一時情緒失控的狀況。死者死亡原因爲上吊自縊，造成頸部縊勒窒息死亡。推估死亡時間爲飯後一小時內，即六月十五日下午十三時至十四時之間。」

為此，「名探法醫」高大成在接受家屬諮詢後提出研判：死者頸部勒痕太深，研判上吊時間超過卅分鐘；屬特異的自殺方式，一般有憂鬱症者較會用此方法；頸椎無脫臼或骨折，因非經拉扯致死；兩肺明顯充血及出血，合併輕微肺水腫，顯示上吊已有一段時間。至於，肺氣腫則顯示死者生前呼吸困難，應屬慢慢自縊身亡。

於是，家屬針對法醫鑑識報告再向軍事檢察署提出廿八項疑點。其中新增疑點有：為何死者歷經如此重擊，頸椎卻沒有斷裂？身體沒有骨折？內臟沒有破裂？繩索環扣頸部成致命傷口，為何沒有血跡與皮屑？從切口整齊的情況來看，是否遭人切斷，使之墜落水塔邊？鑑識報告所謂「突發極大的壓力」究竟所指為何？

由於家屬認為有許多疑點都尚未釐清，因此拒絕讓政興出殯，遂將遺體存放在花蓮慈濟醫院長達四個月；就在預定出殯日的前三天，家屬要求在軍方及法醫見證下，最後一次重新勘驗遺體，這個突如其來的決定縱使讓軍方措手不及，但也只能同意再次相驗。

□

「黃媽媽，政興吵著要回家。他說『我的陽壽已盡，為什麼還要死得這麼難過』。希望家人可以重新招魂，他累了，想回家……。」

這通電話來自於一位通靈友人，說是政興託了夢帶話給黃媽媽及家人。說來令人揪心，好一陣子黃媽媽總覺得家裡有個黑影悠悠地跟著她走來走去，有好幾次，黃媽媽都輕聲地問「政興，是你嗎？」

擇日，政興家人和軍方到墜樓現場招魂；一個星期後，政興順利出殯，黃媽媽家裡的黑影也消失了。

出殯後的兩個月，國防部北部地方軍事法院檢察署針對家屬所提疑義報告出爐，並提出卅九點回覆說明。其中，令家屬感到疑慮的說明解釋為：

「爲模擬案發當時陰雨天候，經現場進行繩子模擬測試，先將繩子浸濕，繫綁於與死者體重相同約八十公斤的沙袋後，將沙袋自現場頂樓推下，繩子當場斷裂。另測得發現該女兒牆內角高於外角，研判死者自頂樓墜落時該繩接觸到女兒牆內角處（鋒利面），因重力加速度致繩子遭扯斷。」

「死者並非腳先著地，而是身體右側先碰到冷卻水塔再跌落地面，非直接接觸地面，故死者並無大傷口及骨折等傷勢。」

「經履勘現場、相驗屍體及調查相關事證後，死者遭突發性極大壓力後自裁之行爲可爲採信。」

「輕微肺水腫顯示死者是一種快速的死亡方式，肺臟生理反應輕微，並非上吊已有一段時間的表現。」

「所留『我願大體捐贈』字跡，經送憲兵司令部刑事鑑識中心及內政部警政署刑事警察局鑑定，雖均回覆無法鑑定是否爲死者所寫，但綜合勘察情形、物證檢視及相關研判意見，本案並未發現明顯『他爲』之跡證或現象。」

□

這個案件歷經半年才算告一段落。

「軍方每次遇到類似的案件，都會先朝感情、家庭、抗壓性不足，這些個人因素去調查，儘可能撇清內部管理疏失；然後才和家屬討論撫卹、慰助。這種心態，在軍中很普遍啦。」

當事端擴大，惹來千夫所指時，哪個組織不希望努力搪塞，讓大事化小、小事化無？若是眼下發生的事端足以讓人焦頭爛額、疲於應付，主事者想的多半是快快解決，讓案子早早落幕；真正願意靜下來，從家屬角度思量，主動協助遺孤教育問題與解決家庭財務困境的主官恐怕是屈指可數。

「這麼多年來，我遇到真心願意照顧家屬的只有一位，就是國防部後備司令部司令余連發。」黃媽媽說。

為了照顧政興遺孀及幼子未來生活與教育所需，後備司令余連發將軍號召台北市青溪協會募得一百四十四萬餘元，為政興嗷嗷待哺的三位稚齡子女成立「教育基金管理委員會」。這筆費用經信託後專用於子女教育與受教育期間必要之費用。當時三名稚齡幼子都還在讀幼稚園，憑靠著這筆經費，如今一位已經順利大學畢業，另兩人則還在校就讀。

第17通 空軍基地性愛光碟案

「黃媽媽您好，上星期、還有這幾天，◯◯基地◯◯◯聯隊裡有一位女士官和一位男士官在營區『亂搞』，旁邊還有人負責拍攝、燒錄成光碟；看到光碟的人指證歷歷地說，女士官當時還身著軍服。這件事已經傳遍營區，甚至光碟已經流出去了。」

「這件事太荒謬了，部隊知道嗎？有什麼處置嗎？」

「政戰主任下了封口令，任何人都不得對外透露半點消息；這位女士官的風評不太好……。」

「好，我直接去找司令談。」

□

時間：二〇一二年〇月〇日

單位：空軍〇〇基地〇〇〇聯隊（註一）

事件：營區自拍性愛光碟案

二〇一二年二月十六日傍晚五點十五分左右，黃媽媽接獲一樁「營區內軍官請友人代為密報」案；隨後去電空軍司令辦公室，要求與司令面談，接聽電話的是辦公室主任。

「我是黃媽媽，有要事想和司令當面談談。」

「黃媽媽您好，司令行程很滿，是不是先請您告知談話的內容，我先記下來，之後向司令回報。」

「那不用了，跟你說沒有用，一切等見到司令再說吧。」

辦公室主任從黃媽媽嚴肅的語氣判斷，恐怕事情不單純，立刻向空軍司令報告，並相約隔天下午三點見面。

二月十七日下午三點，黃媽媽和新任空軍司令會談了約一個小時，重點除了放在其他空軍基地的軍中人權案件外，也提及基地聯隊士官林素珍自拍光碟違紀案。

空軍司令部得知消息後，隨即在兩天後約談當事人到案說明。

因為擔任聯隊照相士，聯隊女士官林素珍獲准攜帶照相器材進入營局；起初因應任務需要拍攝新聞照片並對外供稿，但之後卻陸續在營區內各場景自拍了起來。二〇一一年下半年開始，陸續有風聲傳出，林素珍與往來密切的男友士官，在營區內以相機及手機拍攝起「性愛畫面」，時間長達半年，經過調閱監視影帶發現聯隊內浴廁、庫房、廠房多處入鏡。

事實上過去半年間，這起營區內違紀自拍性愛畫面的消息在各軍種內部不脛而走。儘管司令部鎖定單位裡傳出有看過影片的軍士官兵一一詢問，回覆也都是「只聽說，沒看過」；但不僅高層都看過了，關於影像內容鹹濕的傳聞也早已沸沸揚揚；有人說男、女主角姿勢花招百出；當事人從身著軍服脫到一絲不掛；女主角嗆辣、男主勇猛……等等。甚至還有同袍戲稱「整個聯隊都是我的性愛場景」；找機會一定要到○○空軍基地一窺「極樂地圖」的實境。

□

根據空軍司令部內部掌握到的調查情資顯示：自拍案當事人男士官陳孟賢原本便與女主角林素珍士官交好，但在二○一一年底卻趁著林素珍調往其他聯隊受訓時，與軍中另一位女姓同袍交往、結婚；婚姻處於離異狀態的林素珍與陳孟賢長期以來藕斷絲連常有親密互動。

雖然當事人都否認在營區內拍攝性愛畫面，空軍也對外聲稱「並沒有所謂性愛光碟」，但耐人尋味的是，兩位當事者最後都遭到兩個大過兩個申誡的重懲，並以「肇生違紀犯法或影響軍譽情事」列為「年度汰除人員」。也不被動等著被汰除，素珍和孟賢兩人立即申請退伍，沒有多久，受牽連的孟賢妻子也提早退伍了。

二月廿三日傍晚八點左右，黃媽媽再次與空軍司令室參謀主任通上電話：

「空軍司令部既然查出聯隊違紀光碟案確有其事，是不是也應該進一步追究聯隊保防官知情不報、廖姓政戰主任對營區下達封口令的管理失職責任？這樣刻意隱瞞的做法，對國軍內部紀律整頓不但沒有任何幫助，反而是種傷害……。」

過去聯隊裡就曾多次發生過軍、士官將女友帶到營區內眷探中心過夜，風氣之盛被外界譏為「根本是將眷探中心當做摩鐵（汽車旅館）在用」。黃媽媽心知肚明不逼軍方嚴正表態迅速懲處，依照過去的處置模式，只怕是雷聲大、雨點小，最後姑息縱容、粉飾太平。隔天下午兩點，黃媽進一步致電軍法司（註二）。但未聯繫上代司長，只能請處長轉達。

「關於○○○聯隊的違紀光碟案，我希望軍法單位依法處置，不要又縱放姑息、不聞不問；我確實承諾司令和部長不會對外洩漏任何消息，但那是為了顧及國家顏面與軍隊聲譽，並不是我不敢……。」

□

性愛光碟案就這樣告一段落，並沒有引發軒然大波。

但沉寂兩年後的二〇一四年，忽然有人向媒體開出四、五十萬的天價兜售起各方都矢口否認的原版士官性愛光碟。根據消息人士透露，性愛光碟案發生後，空軍司令部曾在北、中、南、東各地聯隊查獲遭拷貝外流的光碟，其中有百來張或上空、或下身全裸的露臉不雅照，性愛場景則有聯隊內部庫房、工作間、寢室，或者不為外界所知的基地隱秘處所。

一開始確實有不少媒體（平面與電視媒體）躍躍欲試地展開接觸，媒體主管在看到光碟內容後評估內容實在不雅，再加上性愛光碟案事隔多年已無太大的新聞價值，實在不值得以高價購買讓自己身陷不義。光碟內容乏人問津後反倒在網路上瘋傳，直到刑事警察局出面，以「散播不雅照片及影像涉犯妨害風化、妨害秘密等罪，觸犯刑法第二三五條第一項之『散布猥褻物品罪』及第三一〇條第二項『加重誹謗罪』，至少可處二年以下有期徒刑、拘役或科或併科三萬元以下罰金」制止，整起光碟案才銷聲匿跡。

在發生光碟案，該聯隊後似乎並沒有從中記取教訓。日後，仍然發生多起兩性、甚至不倫案件。其中包括女士官遭性侵案、集體同性性虐待案。就曾經有位女士官致電黃媽媽：

「黃媽媽，我們只要求公平對待，但部隊裡的管教問題讓我們已經瀕臨崩潰，身心靈都承受極大壓力，而且令人害怕恐懼；我們快瘋了、快撐不下去了，求求黃媽媽救救我們。」

「軍中紀律淪喪，往往都是從長官試圖息事寧人開始的。整起事件都沸沸揚揚了，還以為天高皇帝遠，可以不露痕跡的隱瞞，這種單位到最後就會一而再、再而三出現軍紀問題。」

語末，黃媽媽說：這個單位的問題根本就是「罄竹難書」。又像是，之前有一位已婚林姓中校科長私自留宿女上士於寢室內過夜，遭人檢舉後還極力撇清否認揚言提告，直到監察官調閱監視器並傳喚證人檢控後才承認犯案。當時的聯隊長同樣基於「惜才」，不忍處分過重，最後僅將這位林姓科長記過後調離主管現職。

註一、過去，因為台灣空軍基地的〇〇〇聯隊擁有空戰演練儀系統，負責鎖定對岸各型戰機進行戰術戰法的研究與反制，並進行假想敵模擬訓練或對抗；其所屬戰機則仿效中共解放軍空軍戰機採用銀白和叢林迷彩塗裝，在演習時負責扮演解放軍米格機部隊的角色，成為國軍唯一的「假想敵中隊」。其主要任務除了培訓各戰鬥飛行員和雷達管制官，並配合新武器研發，提供各型戰機戰術研究策略與戰術輪訓，堪稱國軍孕育空官的搖籃，更是臻進精良飛行技術與空中戰術運用的最高殿堂。二〇一二年底，聯隊戰術訓練中心因不符任務需求裁撤，「假想敵中隊」走入歷史。

註二、二〇一三年一月一日，國防部因應行政院組織改造實施組織調整，「軍法司」與「法制司」已合併為國防部本部一級單位「法律事務司」。

第18通 無軍照駕駛釀禍案

「黃媽媽，我們認爲弟弟摔落車外慘死的案件根本是人爲疏失，家屬希望可以申請國賠。」

二〇〇三年九月十七日，因軍車車禍遭摔落車外致死的士兵邱福財的大姐打了通電話給黃媽媽，希望能協助處理後續賠償撫卹事宜。一個多星期之後，肇事駕駛兵林慶裕的父親也致電黃媽媽：

「事件發生後，我們發現軍方沒有處理的誠意，把所有的過失都推給還在醫院接受治療的慶裕，我們想委任您出面幫忙。」

肇事者和車禍死亡者的家屬不約而同找上了黃媽媽，「看來我非出面協處不行了」。

□

時間：二〇〇三年七月廿四日

單位：陸軍十軍團〇〇旅后里戰車連

事件：無照（軍用駕照）駕駛釀禍，業務過失致同袍死亡

二〇〇三年四月八日，〇〇旅戰車連移師湖口北區聯合測考中心（北測中心）參加實測訓練。七月廿一日作戰會議後，單位幹部向連長反應駕駛人手不足，連長遂指派報務士官林慶裕權充悍馬車駕駛兵。

七月廿四日中午十二點廿分左右，該營通信排演訓完畢後天空飄起細雨，林慶裕駕駛著滿載十人的悍馬車，由一一〇高地由北向南往橋材庫行駛，返回營區整備人員器材。

行經下坡路段時，悍馬車卻不停向左方偏斜，坐在副駕駛座的車長林文政中士副排長

大聲叫喊「小心！林慶裕！……你在幹什麼？林慶裕！」副排長驚覺駕駛兵精神不濟，疑似呈現睡著狀態而未有任何反應，隨即又大聲叫喊了一次，待林慶裕回過神，車輛已橫跨到對向車道，在幾乎毫無煞車的情況下連續擦撞四棵路樹。

在撞上路樹的當下，押車軍官林文政排副出自本能反應打開車門跳出副駕駛座掉落車外，神志清醒時看到駕駛林慶裕已是血流滿面卡在駕駛座動彈不得。而悍馬車因受到強大撞擊整個車頂棚架覆蓋住後方車廂，全車頓時一片昏暗，等到打開棚蓋後，發現士兵邱福財摔落車外，以「頭部向右、腳部向左」的姿勢橫躺在後車門邊；經送往天主教湖口仁慈醫院急救，但因左胸開放性穿刺骨折傷重不治。

經北部地方軍事法院桃園分院檢察署調查，赫然發現駕駛林慶裕職務為報務士並非駕駛兵，雖然具有民間汽車駕照，但沒有軍車駕駛執照。

早在事發前一個星期（七月十七日），湖口北測中心裝步科就發現林慶裕無軍照駕駛，並扣押該輛悍馬車；除責成連長親自領回、宣達不得無（軍）照駕駛規定，林慶裕也不得再擅自開軍車。顯然，這樣的紀律要求並未落實。

期末測驗時因為未向其他單位申請駕駛支援，經過連長「默許」後仍由具有民間小客車駕照的林慶裕權充駕駛兵；事實上，從四月份部隊進訓湖口基地直到肇事，也都是由他開著軍車。

而副排長林文政在接受偵訊時也指出：部隊進駐北測中心後，睡眠時間都有到六個小時，但因為是最後一天測驗，為了要整理所有電話線路及器材，導致睡眠時間只有一個小時半；林慶裕自陳的內容與副排長的證詞並無二致。

「原本睡眠平均都還有兩、三個小時，當天直到凌晨四點才有空檔睡覺，五點多又被叫醒操課，中午十二點左右在沒有補充休息的情況下載運人員返回營區，『就算鐵打的人也會出事』。」

十一月廿日國防部北部地方軍事法院桃園分院初審判決：諭知被告（林慶裕）因過失致人於死，處有期徒刑二月，如易科罰金以三百元折算一日，緩刑兩年。

□

十月三日晚間，三方（軍方、肇事者林慶裕家屬、死者邱福財家屬）首次針對意外死亡的邱福財善後事宜面對面溝通，成員包括：邱福財父母、邱福財大姐暨夫婿以及兩位妹妹、軍團政戰主任、○○旅政戰主任、營輔導長、連長、台中縣議員林○○、林慶裕（被告駕駛）父母，以及黃媽媽等人。

協調會上大姐夫火力全開，左批林家父子「自己做什麼事情自己知道」、「從頭至尾都沒有表達道歉的誠意」，右罵聲稱沒有任何過失的軍方「離譜，簡直功力高超！」死者家屬懷疑駕駛兵林慶裕家人靠著地方上的人脈關係對軍方施壓，案發後又要求軍方將林慶裕的民用駕照悄悄改換成軍用駕照。

沒想到軍方也將矛頭指向林慶裕（被告駕駛兵）家屬，更試圖撇清責任。

營輔導長開宗明義就說：「軍方很樂意幫忙林家協調處理與罹難者家屬和解事宜，但是林家好像對我們軍方非常不信任，對於我們的提議和關心一直排斥冷淡。」

連長也補充：「之前邱福財移靈到南投一直到出殯期間，我們希望林家能到邱家上香，但是林家並沒去；第一次開庭後，我們也希望林慶裕轉達檢察官所告知的：和解很重要，請家屬快點請律師協助，但是都沒有得到良好的回應。況且，七月十七日北測中心軍官攔檢到林慶裕沒有軍用駕照開車時，我就被叫去訓了一頓，因為湖口基地每次出車禍都是無軍照駕駛，當時，我就公開宣導不得再有無軍照駕駛的情況發生，同時也警告了林慶裕，誰知道還是發生了令人遺憾的事。」

聽完軍方的陳述後，黃媽媽直覺：這只會造成雙方家屬之間的對立，甚至讓罹難者家屬認為有機可乘，向被告提出更多理賠。果然，邱福財家屬認為此一意外事件，軍方並無疏失之處，因此不能歸咎單位幹部；不僅如此，家屬還企圖拉攏軍方，向林慶裕提出三百萬的民事賠償。

就算林慶裕家屬有和解誠意，但三百萬賠償實在太高，不是一般家庭可以負擔的；令家屬無法認同、接受的是，在軍中服役的林慶裕是因為接受長官命令才會去駕駛軍車，也因為部隊勤務壓力才會精神不濟發生車禍，在責任尚未釐清之前，實在不該將所有責任都推到慶裕一個人身上。

軍方則口口聲聲說，邱、林兩家賠償問題屬民事糾紛不便介入，但林慶裕、邱福財兩位明明都是現役軍人，加上林慶裕是執行上級交付任務導致車禍意外，軍方理應難辭其咎。最後這場協調會三方各說各話，唯一的具體結論是，軍方承諾將成立專案小組釐清案情。

十月八日晚上，黃媽媽向來訪的陸軍總部軍紀監察處表示不滿軍方「只顧處理死者，而無視受傷者家屬」的態度，等於是在製造兩邊家屬的對立。既然在一週之前，林慶裕即因無軍照駕駛被北測中心軍官攔查並提出糾正，為何部隊還讓林慶裕駕駛悍馬車？而邱福財出殯時，駕駛林慶裕還在加護病房搶救，軍方又為何沒轉達邱福財家屬，導致雙方產生誤會？

十一月十一日，軍方出面主導並與林慶裕同為「甲方」，和「乙方」邱福財家屬初步達成和解。和解協議條件為：甲方同意支付乙方「撫卹金」：含殮葬補助費、軍人保險金、官兵慰問金、團體意外險、台北市政府慰問金、年撫金，加上增額慰問金、肇事車輛強制責任險等共約九百九十四萬元（每年終身撫卹金十七萬九千八百五十元另計）。

□

國防部北部地方軍事法院桃園分院初審判決：

「被告（林慶裕）因過失致人於死，處有期徒刑二月，如易科罰金以三百元折算一日，緩刑兩年。」

只不過初審判決出爐後，惹來三方（軍事檢察官、死者邱福財家屬、肇事者林慶裕家屬）的不滿分別提出上訴。

北部地方軍事法院桃園分院檢察署軍事檢察官認為「罪刑顯不相當」。

肇事者林慶裕委任律師也在刑事辯護狀中聲明：

「被告所為確屬奉上級公務員命令駕駛軍車，且已有一段期間。被告因軍事任務之需要，再奉副排長之命令駕駛軍用悍馬車搭載同排弟兄，即難期待其能抗拒命令，且軍用悍馬車之機械原理與一般民用車輛並無不同，又被告事實上駕駛軍用悍馬車已近二月，實際上已經是通任之駕駛，故原審認定其為無照駕車應加重處罰，即有誤會。」

又按「軍中演習視同作戰，是以上級所下達之命令即屬軍事命令，違者應受抗命罪之追訴，本件被告係參與演習，乃不爭之事實，則被告駕駛軍用悍馬車搭載同排弟兄移轉陣地，既屬奉軍令行事。縱全排弟兄均屬疲累不堪，亦難認被告有抗拒不參與移轉陣地之可能，故本件被告疲累不堪駕車，涉及過失與否，乃上級指揮或監督不周之疏失。又被告駕車時，因工作量超越身理上負荷致昏迷，乃偶發之病理現象，亦難期待被告有預見能力，則被告已盡其應有之注意義務，即難認有過失犯罪之成立。」

委任律師辯護狀內容振振有詞，針對初審判決一一做出回應；只不過，這一辯護使得被告駕駛林慶裕的刑期更重……。

二〇〇四年四月五日，國防部高等軍事法院承審法官針對辯護律師的辯護狀認為：駕駛軍車不能因此即排除被告應注意、能注意之義務，反而更應提高其注意義務；縱然演訓疲憊，亦不能卸免其「疏於注意」而為超速、行經下坡路段未減速慢行，以及未注意車前狀況肇生車禍致邱福財死亡之行為責任。而奉命擔任駕駛，與其疏於注意而為超速、行經下坡路段未減速慢行，及未注意車前狀況肇事致死行為，亦無關聯。最後作出判決：

「林慶裕從事業務之人，因業務上之過失致人於死，處有期徒刑五月，緩刑二年。」

□

「『演習視同作戰』，上級長官所下達的命令自然屬軍事作戰命令，違者就會受到抗命罪追訴。整起事件就是因為部隊便宜行事、對於人力裝備的要求又不夠確實才會引發軍事自撞釀禍意外。」

經黃媽媽協調後，軍方承擔撫卹邱福財家屬的所有責任，讓林慶裕免除任何民事賠償；意外中同樣受傷不輕的林慶裕，則被送往湖口仁慈醫院加護病房救治一週即轉診住家附近的台中李綜合醫院，並持續接受幾個月的治療才逐漸恢復，算是撿回一命。回役後，慶裕回歸報務士的任務，直到退伍前沒再碰悍馬車。

第19通 黃牛從中獲利案

二〇〇二年六月下旬，黃媽媽接到一通家屬的來電：

「黃媽媽，我兒子在軍中生病沒人管、沒人理，現在住院，輔導長又恐嚇他再不回去就要給他難看。我們眞的很擔心他會出事……。」

「軍方眞的這樣說？有證人嗎？」

「有，〇〇醫院隔壁病床的病人都有聽到。」

「你們怎麼不是被安排住軍醫院，而是住民間私立醫院？」

「因爲我們擔心軍醫院和部隊都串通好了。」

隔天，黃媽媽立刻南下台中，探望家屬及因病住院的役男劉劭甫。

□

時間：二〇〇二年六月廿二日

單位：陸軍〇軍團、後備指揮部〇〇運輸兵群、運〇營、運〇連

事件：役男稱病怯服兵役，黃牛趁虛而入獲取不當利益

擔任駕駛兵的劉劭甫向黃媽媽表示，三月中的某天半夜心臟病發作、呼吸困難，軍方拖延至隔天早上才通知家屬到部隊，並送至八〇三軍醫院做心電圖檢查；四月初的某天晚上第二次舊疾發作，心臟疼痛、頭部暈眩而昏厥，軍方也是拖了卅分鐘後才送往軍醫院診治，但最後院方只開了一張「免技測證明」，並無做任何檢查。之後在家人要求下，才請假赴台北三軍總醫院檢查治療。期間，軍方不但沒有人員陪同，還刁難請假程序。

至於三軍總醫院同樣只做了心電圖及腦波檢查後就告知可以返回部隊，沒有再做進一步檢查。

回到部隊後，劭甫提出「免技測證明」，於是連長要求必須坐在安全士官桌前，除了上廁所外不得擅自離開；一整天下來，又導致坐骨神經疼痛難耐，直到晚上才有機會通知家人前來帶往醫院治療。

不過，經黃媽媽抽絲剝繭調查發現，劭甫的父母年事稍高，對於家中這位么子呵護備至，這也使得劭甫總是率性而為；黃媽媽向部隊查閱「○○運輸兵群運○營、運○連二兵劉劭甫就診時程表」，發現劭甫所稱與事實有頗大的出入。

確實，自三月初開始，劭甫就頻頻反應身體感到不適。「心臟病發」當天，部隊準備送劭甫就醫並以電話通知家屬，不過，劭甫的母親悍然婉拒軍方的安排：

「他爸爸已經在前往部隊的路上，等等就會到營區處理。」

原來，是劭甫不想被部隊送往軍醫院，早先一步打了電話向父母求救，要求父親趕到營區載他到民間醫院就診；既然家屬願意前來處理，軍方也就同意請求。

在高人的指點下，三月底，劭甫展開長期休假策略。

三月廿四日，劭甫收假返營後立即反應心臟不適，由部隊協調衛療班救護車送至八〇三醫院，並通知家屬到醫院，隔日（廿五日）傍晚返營。

廿六日，家屬致電部隊告知劉劭甫身體不舒服，希望請假三天到台北三軍總醫院就醫，部隊擔心劭甫身體狀況，於是在當天中午十二時准假。在這三天病假裡，上級單位陸軍總部劉姓少校特別打電話詳細了解部隊對於劭甫處置狀況，原因是中部 X 立委向陸軍總部表達關切。

三天之後的廿九日，劭甫收假返營，再度聲稱身體不適、呼吸困難，向部隊請兩天假。等到卅一日歸營，又表示家人欲帶他到台北三總看檢查結果，須請假兩天。到三總就診後，劭甫取得一紙診斷證明書：該員患有「昏眩症」、「頭痛」等病情，不可激烈運動。

四月二日收假，劭甫再度提出要求，到三總做心臟超音波及心電圖檢查，於是又向連隊請假兩天。

四月四日收假前一刻，家屬直接致電連長表示，由於須等待三總診查報告，為避免南北奔波，因此請求再休五天；經連部向營部主官核示後予以准假。

四月九日收假後，劭甫又向部隊幹部提出隔天及十二日均須請假至台中榮總看診並看診斷報告；經台中榮民總醫院心臟內科醫師診斷，劭甫為「疑似僧帽瓣脫垂」。十二日下午返營後，家屬依據榮總診斷書向部隊請求准假四天；十六日返營後隔天，家屬又致電連隊告假欲往台中醫院心臟內科就診。

緊接著在實施正常休假兩天後的四月廿日，國防部吳姓上校陪同劭甫及其父母親、王姓友人（自稱是劭甫叔公）到營區與部隊幹部會談，商討後續的處置作為；最終做出三點結論並獲至各方認同：一、家屬可至私立民間大型醫院取得和軍醫院不同的診斷證明，再行辦理停役；二、劭甫安心在營服役，由單位妥善照料；三、由家屬透過人脈關係將劭甫調整至其他單位。會談結束前，家屬又順勢提出休假一天的請求。

四月廿九日，國防部國會聯絡人致電部隊，了解劭甫現況及處理情形；正當部隊幹部覺得納悶時，國會聯絡人告知是另一位H立委在開會時表達關切，因此要求代為查明，同時希望部隊在接獲電話後主動告知家屬：H立委已在處理此事。當天下午，劭甫又反應身體不舒服，希望由家人帶到民間私立醫院就診，家屬遂在稍後致電部隊，經向營長請示後准假。

四月卅日傍晚家人來電希望能帶劭甫前往台中○○私立醫院就診取得辦理停役的診

斷證明，因此想再請假兩天，暫時無法歸營。

五月二日傍晚五點，劭甫母親又打電話到部隊，告知「台中○○私立醫院今天並沒有心臟科門診，劭甫目前還是會頭暈、無法久站，所以仍須住在醫院裡」。

隔天，無論連隊輔導長如何撥打劭甫或其父母親手機、家中市內電話都再也無法連繫上家屬，這點反倒是讓部隊開始著急了。

更令人感到玩味的是，五月四日，空軍防警部（防砲警衛司令部）某位上校參謀官致電部隊，除了關切劉劭甫的現況外，甚至主動下指導棋：由連隊再呈文至軍醫院，請院方對劉劭甫做停役體驗。直到晚上，劭甫母親才回報連隊，電話裡她情緒激動大罵對於國軍八○三醫院、三總看診時態度敷衍、對兒子病情不以為然，遲遲未發現劭甫腦內疑似有腫瘤，目前已不良於行僅能以輪椅代步，並使用氧氣罩穩定病情。

□

依照「國軍官兵全民健保就醫（診）管理規定」：官兵因個人意願欲由國軍醫院轉入民間醫院住院治療者，應向服務單位核備簽具切結，得委由原國軍醫院辦理轉院或辦理自願出院，返隊完成銷（請）假手續後自行門診轉院。

五月六日，部隊依規定希望家屬同意簽署切結書，卻遭到斷然拒絕，同時抨擊部隊對於劭甫病情袖手旁觀，強調「今後不會再與軍方談論任何事」。

隔日一早，部隊輔導長赴○○私立醫院探望劭甫時，赫然發現家人早已辦好出院手續，先「離開一步」。於是立刻致電劭甫父母為何出院未回報？劭甫母親再度激動表示：

「我們是要帶劭甫去其他醫院看心臟，不是要帶他逃兵，你們不要以小人之心度君子之腹！」

說完隨即掛上電話，但對於要去哪家醫院及所在位置則隻字未提。

下午三點，劭甫父親在台中市林○○議員秘書陪同下抵達連隊，表明劭甫身體未見好轉，必須繼續請假到醫院休養。經過討論後，營部答應再給予一天病假尋找合適的醫院診療，若必要則可安排住院，而林○○議員秘書也允諾協調家屬盡快簽署切結書，讓部隊不致違規行事。當晚七點，劭甫即住進台中市另一家私立醫院，展開「進一步」的檢查。

五月九日，王姓友人帶著劭甫母親前往營區，告知住院證明這兩天就會送抵連隊，王姓友人則態度強硬地表示，經諮詢「台中市將軍協會」的退役將領後，絕不會讓家屬簽署切結書；在營部堅持依規定必須切結，否則劭甫不但無法在私立醫院休養，更必須即刻返營。這時，劭甫母親莫名痛哭，情緒幾乎失控。

「你們是想逼死家屬才甘願嗎？一旦我們切結了，劭甫若發生任何問題都無法向部隊討公道，你們根本是在推卸責任。」

五月十八日，部隊輔導長到○○醫院探視劭甫，但病床上不見人影，詢問護理站人員之後才知道，劭甫五天前就已經辦理「出院」，目前是以自費「佔床休養」的名義滯留在院內，便於門診及休養。於是輔導長致電劭甫母親表明既已「辦理出院」，就該立即返回部隊，若劭甫有任何身體不適都會送到八○三醫院診治，擅自以任何形式滯留在私立醫院的做法讓軍方十分為難。

「你們上級長官已經核准在家休養，部隊為何要苦苦相逼？長官的話你們都可以不遵守？還是不夠分量？我上台北找陳水扁總統陳情？還是去找立委你們才會聽？」

果然，過不了多久，H 立委會親自打了通電話給輔導長表達關切，希望軍方不要不通人情、意氣用事，也承諾會向家屬溝通簽署切結。

從頭到尾，劭甫家人採取「拖字訣」，別說切結書了，現在就連一張私立醫院的住院證明軍方也要不到。

兩天後，部隊再一次致電家屬，告知無論如何必須向院方提出住院證明，否則劭甫就得依規定立即返營服役；沒想到這回換成劭甫父親勃然大怒：

「不要再逼我們了，我們兩個老人已經很累了！你們軍方那是什麼『藍鳥』規定啦，X你娘（閩南語）。」

對方掛了電話後，部隊苦等一整天，還是等不到一張證明。

隔天下午三點，H立委林姓秘書及羅姓助理帶著劭甫父母抵達營區，頗有興師問罪的姿態。部隊幹部也不甘示弱地直指劭甫兩次「辦理出院」都未回報營隊，連「自行於民間醫院就診，醫療費用自行負擔，且醫療糾紛概與部隊無關」的切結書也不願意簽，早已破壞體制與規定，未來部隊要如何要求其他弟兄？若不是看在雙親年事已高，早就依軍法辦理。沒有意外地，家屬「又一次」允諾隔天會繳交住院證明，並主動通知連隊前往醫院領取，同時承諾將來出院後會依規定回報部隊。

這次家屬總算沒有食言。

五月廿二日，家屬取得住院證明後，隨即與王姓友人商量對策。下午三點，一行人將住院證明帶到營區，並且告知軍方，往後的聯繫協調都由王姓友人全權處理，家屬不願再與軍方有任何瓜葛；至於軍方苦苦相逼的切結書，王姓友人（自稱與湯曜明的前後期學長學弟關係）則會帶到國防部向軍方高層人士請益後再作處置。

□

每次問起劭甫狀況，父母親都說時好時壞，但只要一下床走路心臟就會感到疼痛，目前只能靠著服用鎮定劑舒緩症狀；不過○○醫院吳院長評估劭甫恢復情形良好，可以隨時辦理出院，至於出院與否，還是由部隊與家屬協調，院方不會介入。

依照規定，官士兵於民間私立醫院住院超過健保給付天數時，必須會同軍醫人員至民間私立醫院進行診斷，若院方認為可以出院，即須強制返營服役，否則可會同當地警察及兵役科人員至醫院處理。於是部隊要求家屬配合劭甫的停役體檢，以免違反法令。兩天後，家屬主動告知已自行到國軍八○三醫院檢查，並取得醫師診斷證明；同時在軍方承諾先將劭甫安排至衛療班休養的前提下，家屬同意讓劭甫返營服役。

但就在答應返營的前一天（六月十九日）傍晚，劭甫父母雙親與H委員的羅姓助理羅又出現在營區。這一回政戰處長、群參謀主任、營輔導長、連輔導長全都陪同出席，一開始就態度強硬地表示，這幾個月來，軍方展現了極大的誠意，反倒是家屬一再出爾反爾，如果再不配合返營，不得已只好動用軍法處置。直到廿日晚上收假的最後期限，劭甫仍在○○醫院並未依約返營。

「黃媽媽，劭甫因為罹患心臟病及梅尼爾氏症（突然眩暈致使無法站立），現在在台中○○醫院檢查治療中，但部隊一再無理要求返營，否則將發布通緝、拘捕；我們絕對不是蓄意逃避兵役，卻遭到不平等待遇。」

「嗯，事情發生有段時間了，你們怎麼現在才找我？」

「因為原本有一位『王先生』，他說自己是從軍方退下來的，很熟悉如何和軍方打交道，所以之前都是他在幫忙處理；他現在反而說沒辦法了，我們才找您幫忙。」

黃媽媽側面了解，劭甫其實並非病弱難捱軍中生活，而是父母親特別嬌寵么子，以各種理由拒絕至軍醫院就診，不願意接受開刀治療，更不想回部隊服役。接受劉劭甫家人的委託後，黃媽媽明白要求雙方凡事面對面講清楚，不要再透過第三者傳話；一方面，共同檢視軍方所有法令規定，看看劭甫是否遭到「因人設事」的不合理對待，另一方面則要求家屬先帶劭甫到軍醫院檢查，或者依規定由軍醫院會同民間私立醫院出具診斷證明辦理停役，否則就遵守上次協調共識，回到部隊衛生室調療服役。如果家屬不依軍中法令行事，即刻取消委託關係，今後不再介入。

劭甫終於在家人的勸說下回歸部隊療養，不久後便申請辦理停役（暫時停止役服役），視休養狀況決定是否繼續服完役期。

這項委託案件總算有了好的結局，不過，令黃媽媽好奇的是其中這位「王姓友人」究竟是何方神聖。

原來這位「友人」與H立委秘書、助理熟識，經常到立委服務處走動，也帶著助理、秘書至部隊假意協處。但其策略卻是不斷慫恿家屬找中部立委介入關切造成軍方心理壓力，又不斷託言「打點人脈」，請軍中將官吃飯、送禮，陸續向家屬索取費用；更令黃媽媽不以為然的是，「王姓友人」不僅避免軍方及家屬當面溝通，更要求家屬不得主動與軍方聯繫。這一邊對家屬說「部隊刁蠻、難溝通」，另一邊對軍方表示「家長態度強硬、不配合」，以達到分化目的藉機獲取利益。眼看著軍方依法（軍法處置）辦事的態度愈來愈強硬，直到自覺騎虎難下，便兩手一攤不管了。

「請問是 H 委員嗎？我是黃媽媽。我這邊接到一個委託案，說你的助理在背後幫忙黃牛像家屬索費……。」

「這個案子我知道啊，但是怎麼可能有人背底裡向家屬要錢？我會問清楚，如果真有其事，我一定會處理。」

掛完電話之後，H 委員一問得知這位仁兄確實與辦公室同仁熟識，向家屬收取處理費的傳言也似乎不假。一氣之下，H 委員打了通電話向對方嗆聲。

「我不知道你到底拿了家屬多少錢，但你最好把錢吐出來，否則我一定會動用黑白兩道的勢力追殺你！」

最後，王姓友人歸還家屬七萬元。每次負責匯款的劉家大女兒透露：當然不只這個數字，前前後後大約有廿多萬，但已經不想再追究了。

□

社會上常有靠著特殊關係、打著某人名號遊走，從中獲取利益的「黃牛」，在軍中人權事件處理的過程中，一樣也有不少「黃牛」在家屬與軍方之間伺機而動。

黃媽媽透露：過去軍醫院裡就盛傳，有「黃牛」聲稱可經由「合法程序」讓役男辦理停役（暫時停止服役），個案判定停役後即向家屬收取五萬到十萬不等的費用（費用包含串通軍醫「照章行事、合法驗退」）。如果役男無法驗退而必須歸建者，為了確保役男剩下的役期平安無事，「黃牛」也會向家屬索取紅包。久而久之，軍中就有了「裝病的可先退（役），真病的退不了」的說法。

就有一回，黃媽媽向醫院裡役男家屬取得某位「黃牛」的聯絡電話，然後喬裝家屬希望「黃牛」協助辦理驗退；對方果真信誓旦旦「保證成功驗退」，並開出六萬元價格。電話這一頭的黃媽媽追問：

「你真的能保證嗎？」

「絕對可以，我們約個時間碰面，我拿幾個成功的案例給你看看……。」

第20通 審檢不分的軍法缺陷

「黃媽媽，請妳救救文中，請妳一定要救救他。」

一大早，黃媽媽接到一通不斷傳出啜泣聲的來電。她是蔣文中的女友小晴。

上午七點五十分左右，蔣文中電話告知女友，被交付覆判判決書（駁回覆判聲請），判決書交付的同時，憲兵已經等在門口押往新店看守所。上午八點十分，文中的弟弟打電話至部隊詢問細節，已再無法連繫上哥哥……。

□

時間：一九九八年六月廿四日

單位：反共救國軍指揮部（東引救指部）

事件：「審檢不分」、「不符憲法意旨」的軍事審判制度

前後拖了一年七個月的一起案件終於判決出爐，蔣文中接到覆判庭判決書，確定判處有期徒刑一年，不得緩刑。一九九八年的這一天，天還沒亮，六軍團軍事檢察官帶著憲兵隊殺到屏東，將時任空特部公設辯護人的蔣文中解送至新店監獄服刑。

文中辯護律師薛欽峰反諷地說：他們當場拿出覆判書，而且做完執行筆錄後就把人直接帶到監獄去了，實在是太有效率了；不僅讓當事人完全沒有反應時間，也不讓他跟律師聯絡，對一個軍官、一年的刑期，有必要這樣做嗎？

□

畢業於「國防管理學院」法律系的蔣文中，在一九九五年十二月調任東引島「反共救國軍指揮部」（救指部）軍法官；任職期間，文中對於每週三、六晚餐以及週日三餐，都不見高階主官現身用餐感到狐疑，原來這幾個時間，他們都另外「開小伙」去了。經過長期查訪並在偵訊幾位食勤兵後發現：小小的東引島上，長官們都有屬於自己的食勤兵，人數約八至十人，專門為高階主官烹煮好料；食勤兵則有機會以採買食材名義，頻繁往返於本島與外島之間，每次購菜金經費約兩萬元，購得的食材則專門煮給高階主官、管（如：參謀長、高勤官、指揮官、副指揮官、主任，副主任、陸軍副參謀長、海軍副參謀長）聚餐時食用。

「這些經費應該是軍中行政事務費，長官們卻長期將公款用於私人聚會上，根本是涉嫌貪瀆。」

此外，文中不但發現指揮官私自同意派兵協助民間營運交通船卸載貨物，並懷疑其從中獲取不法利益，更當起一方之霸作威作福，下令士官兵禁止前往不配合的民間商家消費。

隔年，一九九六年十月，蔣文中以檢察官的身分提請主動偵辦。但由於他官階僅為中尉不能偵辦將級軍官，於是向軍法局告發兩位前後任指揮涉嫌貪瀆。當然，此舉也被文中認定是日後遭主官「刁難」的原因。

十一月八日，島上救指部所屬下士曾士杰因「涉嫌毆打下屬士兵致傷害案」被移送法辦。身為軍事檢察官的蔣文中接到此案時，遠在台灣受訓的軍法組長蔣至賢間接傳達命令必須先行收押曾士杰再著手偵辦。

「曾士杰尚未訊問調查，仍是涉案嫌疑人身分，尚不知是否有罪，沒有理由收押。草率將人收押，是不尊重人權。」文中認為組長要求收押違法，因此拒絕聽從長官命令。沒多久，蔣組長便決定將此案交給另一位上尉軍事審判官張至成偵查。

十一月廿一日，張至成接到此案並偵訊兩名證人及被害人後，證述曾士杰動手毆打周姓士兵，而曾士杰本人也坦承確實以椅子攻擊士兵。訊畢，即以「有事實足認有湮滅證據、勾串證人之虞」將涉嫌傷害的下士曾士杰收押。

但蔣文中強調自己是東引島上「唯一」的軍事檢察，也自認檢察官才有權決定是否收押人犯；更何況，曾士杰案子尚未展開調查偵訊，更不能貿然羈押。於是以「未審先羈押屬非法」為由簽立「撤銷非法羈押書」，簽發釋票予看守所長，蔣文中與上尉軍事審判官張至成學長遂在看守所長面前吵了起來。

「學長，你記不記得在寢室問我，這個案子，組長要分給我辦，但是卻要我先收押他？」

「我們是建議你要收押，不能說都不收押。」

「但這樣的這個指示，學長你認為妥當嗎？」

「這樣說吧，今天比如說長官有時要我接『檢察官』，有時要我接『審判官』審理案件，這是他願意的呢？還是這個制度本身的問題？」

「我辦一個案子，組長直接下來處理，或是我辦一個案子，組長認為不行，就丟給你偵辦；丟給你辦之後，他自己又跑去當審判官，這樣還能保證完全『審檢分立』嗎？」

一番爭執後，看守所長接受了文中所簽發的釋票開釋曾士杰員，並將他交由輔導長帶回單位關於禁閉室內以便隨時傳訊。

兩天後的十一月廿三日，軍事審判官張至成將曾士杰自禁閉室中傳來，以「涉嫌毆打下屬士兵致傷害案」的同一理由收押；原本軍法官只是以「有勾串證人之虞」收押，但在收押期間內，未再就「傷害案」訊問過當事人或任何證人，卻在十二月十六日起訴下士曾士杰的起訴書中載明：訊據被告曾士杰對犯罪事實已坦白承認。

兩天後，蔣文中被調離救指部，改派任新竹關東橋某單位軍法組任公設辯護人。

「我這樣的行為觸怒了長官，爾後，我在軍中的日子常常被長官刁難。」

一九九七年一月四日，軍法組長蔣至賢擔任「曾士杰涉嫌毆打下屬士兵致傷害案」的審判官，並作出判決：爰審酌被告⋯犯後坦承並具悔意等情狀⋯諭知緩刑（有期徒刑一年六月，緩刑三年）。

□

七月二日，已調任新竹關東橋大半年的蔣文中突遭陸軍第六軍團軍法組軍事檢察官以「假藉職權縱放依法拘禁之人罪」偵辦起訴。（若是「普通縱放人犯罪」為三年以下刑期，歸普通法院審判，一旦被認定為「利用職權」則加重刑期二分之一，變成四年半，就得歸軍事機關審判。）

蔣文中自覺蒙受冤屈便四處尋找支援，經過立法委員蘇煥智的引薦下，到宏律法律事務所請求薛欽峰律師幫忙。

當時廿六歲的文中背著包包來到薛欽峰的辦公室，乍看感覺還像是個學生；薛欽峰靜靜聽他說完在軍中的種種遭遇，對於軍中居然還有年輕軍官願為堅持正義不惜抗爭到底感到十分訝異。

律師團立刻研擬「拯救蔣文中」的策略，除了尋求體制內法律途徑解決外，也連結政治黨派力量適時奧援，無非就是希望在軍法單位作出判決之前還有轉圜的可能。八月初，民進黨立法委員蘇煥智領銜，針對「現行軍事審判制度由於將軍事審判權歸屬於行政性質的軍事機關，以致造成諸多弊端，已牴觸憲法所欲保障的權力分立原則以及司法獨立精神」所引發的爭議，聲請司法院大法官會議釋憲，並希望作成國防部為最高軍事審判機關乃違憲之裁決。

然而，六軍團軍法組審判官仍然在九月廿七日判處蔣文中一年有期徒刑、不得緩刑。薛欽峰、張炳煌兩位律師自忖如此的判決實在不公平，於是又聯合美麗島時期的軍事審辯護人高瑞錚、范光群、陳傳岳等數位律師，共同討論尋求覆判理由尋求平反。

一九九七年十月三日，經過兩個月的「大法官會議釋憲聲請案」傳出好消息。「釋字第四三六號解釋文」載明，「本於憲法保障人身自由、人民訴訟權利及第七十七條之意旨，在平時經終審軍事審判機關宣告有期徒刑以上之案件，應許被告直接向普通法院以判決違背法令為理由請求救濟。軍事審判法部分條文所列，不許被告逕向普通法院以判決違背法令為理由請求救濟部分，與憲法意旨不符，應自本解釋公布日起，至遲於屆滿二年時失其效力。……且為貫徹審判獨立原則，關於軍事審判之審檢分立、參與審判軍官之選任標準及軍法官之身分保障等事項，亦應一併檢討改進。」

聲請釋憲的結果，對文中以及律師團而言無異是一劑強心針。

於是，在幾位律師的建議與安排下，尚有軍職在身的蔣文中於十月十八日首度公開接受媒體採訪，希望尋求社會輿論支持；只不過，返回軍中後立刻遭檢束（禁足）七天。

十二月八日，陸軍總部軍法處覆判合議庭撤銷六軍團原判決，發回更審；理由是：應查明張至成收押曾士杰當時是否「符合法定要件及有無必要」，否則就是不合法羈押，蔣文中自然無犯罪可言。這個撤銷原判的合議，讓律師團對「平反蔣文中」燃起一絲希望。

隔年，一九九八年一月十二日，蔣文中再次接受媒體採訪暢談軍法改革，不過隨即遭關東橋陸軍〇〇師記大過一次處分。

二月十三日，發回更審後的覆判庭再判蔣文中一年有期徒刑。文中不服，二度提請覆判。而此案「因涉及軍事審判機關部隊長有為部隊管之便，涉嫌干預軍事審判之虞，以及軍法官右手審理、左手起訴球員兼裁判等違反審檢分立制度」，薛欽峰、張炳煌兩位律師除聲請停止訴訟外，也決定再次聲請大法官會議解釋。委任律師認為，「釋字第四三六號解釋文」述明，「為貫徹審判獨立原則，關於軍事審判之『審檢分立』……亦應一併檢討改進」，顯然對於現行軍事審判實務上審檢不分的現象有所指明，但軍事法庭判決卻認為：釋憲結果乃就軍事審判制度修法所為期許，並未指摘現行軍事審判制度審檢分立有違憲情事。以上所揭疑義都有再予統一解釋之必要。

只是，無論律師團如何尋求大法官會議解釋及覆判等法律救濟，都無法讓文中免於牢獄之災。陸軍總司令部第六軍團軍事法庭兩次駁回覆判聲請，認為「蔣文中自認係為該部唯一軍事檢察官，擅將分配軍法上尉張至成承辦之職權傷害案被告曾士杰下士予以釋放，涉觸犯刑法第一三四條、第一六二條第一項『公務員假借職務上之機會縱放依法拘禁之人』罪，判處有期徒刑一年。」

另一方面，文中在一年多前向軍法局告發救指部前後任指揮涉嫌貪瀆一案，也在這個當下有了結果。陸總部先行移由政三監察部門調查後，因認全案仍有部分事實尚待查明釐清，因此再函文授權陸總部續行查明。最後於二月廿四日以「犯罪嫌疑不足」予以不起訴處分，依法結案。其理由是：指揮官每月提撥行政事務費，派員返台購辦副食品之用途，乃在於慰勞部屬離退人員及接待外賓，且均按軍費預算用途科別及年度施政計畫表所訂行政事務費之支用範圍列支核用。派兵協助民間營運之交通船卸載貨物，也是應當地鄉公所申請，經業管部門審核無訛後始予核派，並未獲取不法利益。這個判決結果，對文中而言無異又是一個挫敗。

□

文中確定遭關押新店看守所後，外界聲援與律師團後續動作如縷不絕。

委任律師、台北律師公會人權保障委員會、台灣人權會、軍中人權促進會，以及部分立法委員、國大代表辦公室，大規模召開「螢火燭光，送蔣文中入監」聯合記者會。同樣身現會場的文中女友小晴說：「我第一次覺得如此感動！竟然有這麼素未謀面的人，這麼熱心且不計代價關心文中，我認真地和每個人握手，發自內心地的表達感謝。」

兩天後（一九九八年六月廿六日）律師團發動奇襲，向國防部主任軍事檢察官聲請非常審判。審判狀中認為「原確定判決有諸多違法之處，並明為偏袒己見而曲解法律規定，嚴重侵害被告權利，並破壞審判獨立之法治基本精神」，希望藉由聲請非常審判予以撤銷、改判，展現軍方改革之心。

國防部自然也不甘示弱，在例行記者會安排陸軍總部出面，對著各家媒體一次說明白、全部講清楚。

陸軍總部解釋：當時救指部軍法組因屬「員額編制較小之初級軍事審判機關」，往往受限缺員、休假等因素，故偵審訴訟程序進行，確實無法由專人專職負責。然在秉持「審檢分立」的原則下，於單一案件中，均分別交由軍事檢察官及審判官各司其職，以保障被告人權。因此，就下士曾士杰職權傷害案而言，張至成上尉為該案之軍事檢察官、蔣至賢中校組長為軍事審判官，並無審檢不分之情事。

大法官會議「釋字第四三六號解釋」，雖認定《軍事審判法》中「不許被告逕向普通法院以判決違背法令為理由請求救濟」，與憲法保障人身自由、人民訴訟權利及憲法第七十七條司法權建制意旨不符，但並未指出現行軍事審判體制有違「審檢分立」原則。同時強調，國防部為落實「審檢分立」原則，已著手修正軍事審判法，改採「機關配置制」，分設軍事法院及軍事檢察署，但在未完成修法程序之前，相關訴訟程序仍應依現制辦理。

律師團和國防部隔空交火，於監獄服刑的文中更將內心的不滿與不甘付諸行動。

「八月九日，前東引救指部中尉軍官蔣文中在新店監獄絕食，抗議軍方審判不公。絕食期間只喝湯水，獄方曾安排心輔官以及教誨官輔導蔣員；八月十三日已恢復正常進食。」（《新新聞周報》第五九八期）

部分在野黨（民進黨、新黨）「國大（國民大會）黨團」立刻召開記者會聲援獄中絕食的蔣文中；質疑他是因為主動偵辦救指部前後任指揮官涉貪，才會遭到上級打壓、構陷入獄。民進黨及新黨國代（國民大會代表）不僅連袂赴監察院陳情，指控「救指部指揮官在東引頻頻接受民間邀宴，甚至擾民、挪用公款」，要求監察院調查彈劾；更在國民大會於陽明山中山樓召開會議期間，發動黨代表利用「國是建言」向李登輝總統當面陳情。

在各界力挺蔣文中的聲浪下，曾在東引救指部與蔣文中因案交手的前軍事審判官張至成則以書面陳述不同意見。

「蔣文中對於自認的法律見解十分堅持，而不願意採納他人建議、也不採柔性的溝通態度，經多次溝通也無效。其開釋犯人顯無正當理由，縱其自認為救指部唯一軍事檢察官，亦應行使其檢察官職權，訊問被告判斷是否有羈押之必要而加以處置，豈是將被告無條件開釋後便置之不理？此一行為顯然該當於縱放的構成要件。」（略以）

□

「在現實環境中，我常常覺得有志難伸，所以我喜歡看電影。電影裡描寫受害者陷入冤獄時，能將悲憤的情緒化為對正義的執著，經過不斷抗爭終於得到平反；當受害者得到平反，以及對正義執著獲得肯定時，我總能從中得到一些寬慰。對我而言，這就是現實中渴求而卻無法得到的一點點心靈的自由。」

文中曾經期待現實生活裡所遭遇的一切都不是真的，如果實際狀況就是如此，那麼，他也希望台灣司法能夠還他清白。

自一九九八年六月廿四日關押服刑後，文中提出非常審判之訴、獲得各界聲援與探視，並且以五天絕食抗議想喚起社會更多重視，但結果都不如預期的樂觀。之後，他逐漸調整心態，開始替人寫訴狀、打抱不平，為獄友尋求平反的可能；但他心中對於大法官釋憲結果還是懷抱一絲希望的。

刑期屆滿前四十天（一九九九年五月十四日），聲請大法官會議釋憲案終於有了結果。

「人民、法人或政黨聲請統一解釋，須於其權利遭受不法侵害，認確定終局裁判適用法律或命令所表示之見解，與其他審判機關之確定終局裁判，適用同一法律或命令時所表示之見解有異者，始得爲之。」

「最高法院爲民刑事訴訟之最高審判機關，其判例對各級法院及行使特種刑事審判權之機關皆有拘束力。核其所陳，係屬原確定判決認事用法當否之問題，並非不同種類且互不隸屬之審判機關適用同一法律時所表示見解發生歧異；與司法院大法官審理案件法第七條第一項第二款規定不合，應不予受理。」

——「第一一一八次大法官會議不受理案件」

六月廿三日，文中服刑一年期滿。

這場牢獄之災讓文中喪失軍事法官身分，切斷了日後擔任律師、法官的道路；他索性申請退伍，不想多留在軍中一天。退伍初期，文中擔任起軍中人權促進委員會法律諮詢顧問，就這樣跟著黃媽媽到處為軍中人權發聲，也算是對各界長期聲援的回饋。

「我們並不是要政府表彰他的所作所為，但社會真的欠這位勇於承擔的軍法官一個公道。」黃媽媽說：「如果現在軍法改革有一點成就，大家都不該忘記蔣文中的案例；如果要寫廿一通電話的故事，就一定會有屬於他的一章。」

之後，文中到一家私人公司擔任法務工作，但因為耿直不阿、道德潔癖，讓他怎麼樣也不願為虎作倀、配合公司「作帳」，因而悵然離職；從此文中變得執拗、難與人互動，在求職路上四處碰壁，還一度擺起路邊攤謀生，現則擔任民間信仰團體義工。

※

一九九七年八月，民進黨立委五十八人就針對「軍事審判制度」造成的諸多疑義連署聲請釋憲，司法院大法官會議也做出違憲解釋。二〇一三年八月六日，立法院終於三讀通過《軍事審判法部分條文修正案》，軍事審判制度區分平時、戰時，現役軍人犯《陸海空軍刑法》或其特別法之罪，於平時移歸司法審判，戰時則仍受軍事審判。修法完竣後，軍中人權獲得進一步保障，但這個遲來的結果對蔣文中來說晚了十六年。

第21通 八軍團女上士跳樓自殺案

「黃媽媽，我姐姐上週三（十七日）中午在部隊裡被長官逼得跳樓，昨天傷重不治走了。」

二〇一八年一月廿二日下午兩點左右，黃媽媽接到一通女子的來電。她是跳樓身亡女上士李冠華的大妹。

「我懷疑姐姐是因爲受到上級督導刁難、欺負，工作壓力太大，才會跳樓。」

□

時間：二〇一八年一月十七日
單位：陸軍八軍團所屬運輸群
事件：未及時防處，女上士墜樓身亡案

李冠華在一年多前升為上士，負責單位裡的資訊安全業務。事發前一天的一月十六日，上級單位前往督導業務，冠華負責的業務被登記十五項缺失；當時負責協助業務的資訊兵還在一旁安撫緩頰：學姐，不用擔心，這些缺失都可以立即處理。十七日接近中午用餐時，冠華並未隨同部隊前往用餐，反而一個人從營區三樓女軍官寢室的屋頂墜落地面，經同袍發現後立即通報送往旗山醫院急救，再轉送國軍高雄總醫院，同時通報憲兵隊、報請檢察官介入調查。遺憾的是，經過四天搶救後，冠華仍然宣告不治。

「我們家屬有去過現場了，但不能進姐姐的寢室，也不讓我們接觸任何遺物；我們想看看營區內的監視錄影也被拒絕。」

黃媽媽解釋，由於全案進入司法調查，軍方自然不能任意提供相關事證，而憲兵隊檢收的證據也必須全數交由檢察官；但對於軍方只派出一位上士出面與家屬協調，黃媽媽深深不以為然。

「好，明天我陪妳去一趟。不管你要看什麼資料，或者想知道軍方扣押了什麼物證，我都盡量陪你去了解。但妳千萬不能走漏我要下去的消息，否則，軍方一定有所準備。」

隔天，在前往旗山八軍團的路上，黃媽媽一路與大妹聊著……。

意外發生前的一個星期，冠華常常騎著機車往返於旗山與屏東老家，來回一趟就是兩個多小時；回到家之後常常抱怨業務量重且在部隊遭受上級長官的壓力。而大妹也透露，姐姐去年因情緒不穩，曾在家中割腕自殘，一位交往四年且論及婚嫁的士官男友雖多次勸她到醫院接受診查，但她到了醫院門口打死就是不願意就醫。

令黃媽媽感到不滿與質疑的是，冠華確定亡故後的隔天，也就是週一晚上六點多，憲兵隊成員即到屏東約談家屬製作筆錄，一直到深夜十二點多才離開。

□

對比平常的表現，冠華在父親過世後開始有些不尋常的行為，以致讓同袍感受到她的孤僻；除了鮮少與人交談互動，還常常在大半夜三點多鐘起床盥洗，並在浴室裡喃喃自語，一洗就是一個多小時。清晨六點不到就準備工作，混亂的作息讓同袍也受到波及。有一回因為業務分配的認知差異，冠華與另一位女士官發生爭執，單位遂另外指派一名中尉排長及一名士兵協助業務工作，這也是軍方一直強調絕無刻意刁難、逼迫欺壓的情事。至於事發前一天上級督導雖然點出十五項缺失，但幾乎都是可以立即處理的小缺失，根本未達到必須「處分」的程度。

真要說起來，該單位也確實是「人性化管理」的實踐者。

據傳，冠華甫調任現職時因業務上的過失險些被記一個大過，還一度萌生退意，最後在一位與軍中關係良好的「叔叔」出面協調「喬事」下，才免於被處分。去年十月，單位有意將冠華調整至左營營區，但這一位「叔叔」再次帶著冠華媽媽當面向指揮官反應希望留在原單位，與家裡之間彼此有個照應，也較熟悉既有業務後，指揮官從善如流同意冠華留任現職。

「姐姐發生事情之後，叔叔就對我們說：已經和軍方達成共識，大家就不要再追了，就說是不明原因死亡，或者一切都說不知道就好。或許姐姐是自殺，但我們想要知道真相。」

冠華走前沒有留下任何字句，無法得知她為何跳樓尋短。但根據黃媽媽進一步的了解，冠華生前的最後一通電話是打給媽媽，而原本放在口袋裡的「軍用傻瓜手機」（不具拍攝功能），也被媽媽先一步取走；在電話裡冠華究竟說了什麼？媽媽態度保留也十分低調，不想再往下追究背後原因。

□

雖然不知什麼原因讓冠華決定輕生，但從軍方檢陳的資料中發現了一些徵兆。

去年六月間，部隊在進行「賴氏人格心理測驗」時意外測得冠華的性格較為內向、情緒方面容易緊張、焦慮，也易因刺激而有所起伏，被列為「中高危險群」。七月進行複核時發現「類型系統值」確實高出許多。直到九月，單位考慮啟動三級醫療處置，卻在徵詢冠華意願後遭到拒絕故而作罷。檢察官最後在家屬確認下以「自殺」簽結，整起案件不到一個星期就告一段落。

這麼多年來處理這麼多個案，黃媽媽一直感到不解的是，軍方與家屬之間為了獲得對自身有利的形勢，始終有所隱瞞、選擇性揭露部分事實。

「要期待雙方開誠布公、相互配合協調溝通實在不是件容易的事。不是常說『魔鬼藏在細節裡』嗎？部隊的問題通常就起因於主官輕忽或者要求不夠確實；直到憾事發生、一切為時已晚，才感慨當初未依規定轉介輔導、透過醫療資源予以矯治。軍中一直強調『三級防處』機制（註），最後都不能及時發揮功效，這種徒具形式的制度如果只是應付上級長官的要求交差了事，那也真是讓人心寒。」

註、「三級防處體系」

壹、初級預防處置

由連、營輔導長擔任。負責主動掌握心理情緒不穩之官兵，協助紓解心理問題；發揮「早期發現、迅速疏導」之初級防處功能。

貳、次級輔導處理

由具心輔專業素養與技巧的心輔官擔任。處理連隊輔導後無明顯改善的轉介個案；並策辦心理輔導教育訓練，協助強化初級防處功能。

參、三級醫療處置

經上述防處無顯著改善個案，由單位依程序轉介至國軍各地之「地區心理衛生中心」，結合醫療資源與社會網絡進行密集輔導，發揮矯治、醫療與心理重建功能。

國防部從一九九一年開始分二年四階段設置「心理衛生中心」，並在一九九一年七月一日完成「國軍心理輔導定位編組規劃案」；除原有的「心理衛生中心」外，並於北、中、南、東及金門、馬祖、澎湖等地區成立七處「地區心理衛生中心」，號稱建構起完整的心理衛生「三級防處體系」及「區域輔導網絡」。目的是藉由「心理諮商」和「轉介輔導」措施協助官、士、兵適應部隊生活，防範自我傷害案件發生。

後記

廿三年前你曾經採訪過她，沒有想到廿三年後還能有這樣的緣份與她如此深刻、密集的互動。

「這個星期我真的很忙，手邊同時有三、四個案件在處理，我們的約會取消，好嗎？」

她絕少如此。

就算前一刻還身在偏遠的軍營，或者甫從花蓮老家北返，也都鮮少取消約會；而每個星期四晚上的例行碰面，也總會比你早一步抵達。你一直好奇她哪裡來的旺盛精力與勇氣，憑一己之力挑戰軍方的暗黑勢力（這是她形容的）廿餘年。

當然，這本書既非以扒糞、窺視的心態書寫，更不是用來塑造她的社會形象（事實上，你常常會聽到她扯開嗓門兒大喊：「我早就沒有形象了啦！」）；嚴格說起來，她只是個「引子」——讓你有機會知道令人感慨且不可思議的軍紀與人權案件的「引子」。

為了訴說這些故事，她總是精勤於事前準備工作。把長期蒐集、又或者是已存入電腦裡建檔的資料、照片一一翻找出來（你會訝異，她留存著很多連軍方都「肖想」的「文件正本」）；其中有許多建檔資料卻因為時日久遠而毀損無法讀取，這點讓記憶力逐年衰退的她十分懊惱。這也讓你領略到，許多案件不能單只靠她的記憶力，而必須花點時間從旁著手、翻找文件佐證。

她的腦海中充溢著滿滿的個案、個案與單位間的連結、每個大小軍事單位的管理問題與積習，當然，還包括它們的地理位置分布，甚至貓道、小徑、邊門（你想，應該沒有哪一任的國防部長、參謀總長比她更了解這些基層狀況吧）。也因此，專訪的壓力在於她常常會「舉一反三」，一連牽扯出好幾個類似的案子，有時她會愈扯愈遠、一發不可收拾；所以，總得找到適當的時機打斷她。在幾次約訪之後，終於悟出一道理：你得比她更用功，一定要事先擠出一點時間研讀她提供的厚厚資料，這樣才能早一步進入個案核心問題，在狐疑處直接提問，否則當晚的訪談肯定會因為她興之所致、天外飛來一筆的敘事風格刮起漫天飛絮。

不難想像，她常在闡述個案細節或憶及當事人遭遇時，突然悲從中來、泣不成聲，就彷彿每個受害（難）者都是自己的骨肉孩子。到最後，只要她滔滔不絕說到一半時四周突然靜默，你大概就知道她又在哭了；刻意迴避她的眼神，繼續敲著鍵盤，把剛剛她說的字句趕緊紀錄下來。你不再迎合她的情緒，是因為不忍往深處挖掘刺著了她的痛處，也希望她早日揮別這些陰影。

訪問過程中，你聽到不少當事人和家屬私下都說她及時伸出援手、救苦救難，解役男於倒懸，根本是「觀音媽」、「媽祖」的化身；但真要說呢，她的角色更像是偵探，抽絲剝繭找出各方（軍方、家屬、當事人）試圖隱瞞，或者被隱蔽的真相；再從各自堅持的強硬立場中找到一個彼此都能接受、讓事件儘早落幕的平衡點。這樣很容易嗎？不，一點都不。她在軍方與家屬的協調會上往往比任何一方都強悍，原因是，一旦她決定撒手不管、案情持續膠著，那才真是軍方頭痛的開始，家屬的傷痛也沒有盡期。

不停穿梭在各軍營中，仗義直言為役男（女）伸冤的她，早被喻為軍中人權守護者，個案最多的時候，一年甚至會高達兩百多件；這麼多年來她的手機號碼卻從沒換過，並不是因為這個號碼有什麼特殊的紀念意義，而是她擔心入伍役男、或者曾協助過的個案從此會找不到她。

「其實，我早就不想管了……。但有時候軍方真的欺人太甚，可以不管嗎？」

你想，真正將捍衛軍中人權當做一生志業的，大概也只有她了；如果有一天她不再為此奔走，還真不知道後繼者有誰？

近幾年來，她讓自己接觸大自然：賞鳥觀潮、迎曙送霞，偶爾出去走走散散步，展開一個人的微旅行。她早就習慣獨來獨往、笑罵由人，甚至愛上這樣的自己；儘管現在不再是「接到電話說走就走」，但充滿著能量的她，從不曾讓自己閒下來。

「很多人都覺得我很閒，其實我很忙的欸。只要一有時間就燉燉雞湯、製作獨門辣椒醬、縫製拼布包、手作精油肥皂，偶爾也會向女兒思蓉學做西點、蛋糕。」

最後一次的訪談結束，她起身告別。

你以為在這樣如釋重負、毫不設防的氛圍下，可以窮究一些個案的隱密內幕、意外轉折，又或者檯面下軍方派系傾軋，以及不足為外人道的隱私。沒想，她還是不改老練執拗的個性，只是緩緩將個案資料、蒐證照片、輔助文件，以及一通通電話紀錄全都揣進背包裡。

「不要再逼問我了啦，問我也不會說，有些秘密我是要帶進墳墓裡的。這是我的職業道德。」

你看著她頭也不回地遠離，然後慢慢融入幽暗的巷弄裡。

21 通電話

阿兵哥的深夜求救

國家圖書館出版品（CIP）預行編目資料

21 通電話：阿兵哥的深夜求救 /
陳碧娥，李儒林作. -- 初版 .--
臺北市：玉山社，2018.11　面；公分
ISBN 978-986-294-212-3(平裝)
1. 人權 2. 軍隊
579.27　　107014723

作　　者／陳碧娥、李儒林
策　　畫／馬克吐溫國際影像有限公司
發 行 人／魏淑貞
出 版 者／玉山社出版事業股份有限公司
地　　址／台北市 106 仁愛路四段 145 號 3 樓之 2
電　　話／(02)2775-3736
傳　　真／(02)2775-3776
電子信箱／tipi395@ms19.hinet.net
網　　址／http://www.tipi.com.tw
劃撥帳號／18599799 玉山社出版事業股份有限公司

副 總 編／蔡明雲
編　　輯／邱芊樺
封面設計／黃聖文工作室
行銷企劃／侯欣妘
業務行政／林欣怡
法律顧問／魏千峰律師
初版一刷／2018 年 11 月
定　　價／新台幣 380 元